宁波民宿产业蓝皮书2018

NINGBO MINSU CHANYE LANPISHU 2018

朱建国 编著

中国铁道出版社有限公司
CHINA RAILWAY PUBLISHING HOUSE CO., LTD.

内容简介

本书通过回顾宁波民宿产业发展历史，分析宁波民宿产业发展现状及产业需求特点，结合宁波民宿产业案例与实践，汇总、梳理各级管理部门民宿政策法规与标准，对宁波民宿产业发展的制约因素和发展趋势提出对策与展望，可为决策者提供参考依据，为民宿产业规范、理性发展提供指导建议，为乡村振兴、农民脱贫致富拓宽渠道。

本书适合民宿产业研究人员、政府相关部门工作人员阅读参考，也可为民宿产业从业人员提供经营参考。

图书在版编目(CIP)数据

宁波民宿产业蓝皮书.2018/朱建国编著.—北京：中国铁道出版社有限公司，2019.6
ISBN 978-7-113-25155-0

Ⅰ.①宁… Ⅱ.①朱… Ⅲ.①旅馆-服务业-产业发展-研究报告-宁波 Ⅳ.①F719.2

中国版本图书馆CIP数据核字(2019)第102187号

书　　名：宁波民宿产业蓝皮书2018
作　　者：朱建国

策　　划：侯　伟　汪　敏　　**编辑部电话**：010－63589185转2074
责任编辑：汪　敏　包　宁
封面设计：刘　颖
责任校对：张玉华
责任印制：郭向伟

出版发行：中国铁道出版社有限公司（100054，北京市西城区右安门西街8号）
网　　址：http://www.tdpress.com/51eds/
印　　刷：北京铭成印刷有限公司
版　　次：2019年6月第1版　2019年6月第1次印刷
开　　本：787 mm×1 092 mm　1/16　**印张**：7.75　**字数**：85千
书　　号：ISBN 978-7-113-25155-0
定　　价：32.00元

课题组成员

主　任：李浙闽

副主任：周明力　朱建国

委　员：鲁　敏　潘旭光　董艳琳

朱岚涛　谢柯宝　周维琼

前言

宁波民宿产业的现状如何？宁波民宿如何提升品质、宣传自己？宁波民宿的非节假日客源问题如何解决？宁波民宿发展之路在哪里？基于这些问题的思考以及民宿产业健康发展的迫切需要，我们编写了《宁波民宿产业蓝皮书2018》。

宁波民宿起步时间较早，这得益于国家、浙江省委省政府、宁波市委市政府的高度重视。“千村示范、万村整治”“美丽乡村建设”“农村人居环境整治”“大景区”“大花园”“景区村庄化”“乡村振兴”“乡村全域旅游”等战略性意见与政策，以及宁波广大的乡村腹地、雄厚的经济实力、活跃的民营资本、迫切的市场需求等要素，为宁波民宿经济发展提供了良好的市场环境和产业基础。

近年来，宁波围绕民宿发展进行了一系列积极探索和实践。自2011年起，宁波市政府和各区县（市）在推动乡村振兴、乡村全域旅游示范区创建提升的背景下，颁布了一系列涉及民宿、农家客栈等产业发展的相关政策及实施意见；2015年，通过专家团队实地调研和分析，编制了《宁波民宿发展研究》报告，同年，宁波市出台《特色客栈等级划分规范》，将客栈等级以“叶级”划分，从“一叶级”至“五叶级”共五档，该规范中，等级划分对象是“特色客栈”，“除了民宿，还包括客栈、旅社、旅馆、庄园、宅院、驿站等”；成立宁波市

饭店业协会客栈民宿委员会，发挥行业协会的指导规范作用；编制《宁波民宿导览》，提升宁波民宿的知名度；举办第一届全国民宿品牌大会和中国民宿宁波博览会，展示国内外民宿新生态，围绕“民宿品牌人格化”，探讨民宿产业趋势；响应浙江民宿等级评定工作，组织开展宁波市白金宿、金宿、银宿的评定。截至 2018 年，宁波市民宿总数超过 1 100家，总床位数超过 20 000 张，评定白金宿 3 家、金宿 8 家、银宿 18 家。

“不能将民宿单纯地看作睡觉的地方，它更是一种文化、一篇故事的承载之处，若是能让游客休憩一夜，然后带着故事离开，那便是成功的民宿。”编制《宁波民宿产业蓝皮书 2018》的目的就是通过回顾宁波民宿产业发展历史，分析宁波民宿产业发展现状及产业需求特点，具体剖析宁波民宿产业案例与实践，汇总、梳理各级管理部门民宿政策法规与标准，对宁波民宿产业发展的制约因素和发展趋势提出对策与展望，为政府部门的决策提供参考依据，为宁波民宿产业规范、理性发展提供指导建议，为乡村振兴、农民脱贫致富拓宽渠道。

编　者

2019 年 5 月

目　　录

第一章 宁波民宿产业发展回顾与现状

民宿是乡村旅游发展的重要形式，是实施乡村振兴战略，撬动乡村经济发展的重要支点；民宿是乡村度假的形式，也是承载乡愁的容器，是宁波未来乡村旅游发展主要形态与发展趋势。

一、宁波民宿产业发展回顾

（一）发展背景

民宿通常是指当地居民利用自用住宅空闲房间，或者闲置的房屋，结合当地人文、自然景观、生态、环境资源及农林渔牧生产活动，以家庭副业方式经营，提供旅客乡野生活之住宿处所。在我国，台湾省是较早发展民宿的地区，最早大规模发展民宿的时间约在1981年,主要解决住宿不足的问题,而台湾民宿产业正式形成是在2001年制定“民宿管理办法”以后。我国大陆的民宿起步较晚,在未明确界定“民宿”定义、性质与范围之前,民宿大多与“家庭旅馆”、偏重餐饮的“农家乐”“民居客栈”等概念混淆通用。根据浙江省人民政府办公厅《关于确定民宿范围和条件的指导意见》(浙政办发〔2016〕150号),民宿是指利用城乡居民自有住宅、集体用房或其他配套用房,结合当地人文、自然景观、生态、环境资源及农林牧渔生产活动,为旅游者休闲度假、体验当地风俗文化提供住宿、餐饮等服务的处所。其中,单栋房屋客房数不超过15间,建筑层数不超过4层,且总建筑面积不超过800平方米。近年来,在多主体的共同推动下,我国的民宿、客栈等非标准住宿业态呈现井喷式增长。民宿作为一种全新的生活方式,正在吸引着多方的关注和思考、尝试与实践。

宁波民宿起步较早,先天的资源优势、广大的乡村腹地、雄厚的经济实力、活跃的民营资本、迫切的市场需求等要素,为宁波民宿经济发展提供了良好的产业基础和市场环境。近几年来,在政府部门与行业协会重视与支持下,宁波民宿经济发展迅速。自2011年至今,宁波市各级政府在推动乡村旅游的背景下,颁布了一系列涉及民宿、农家客栈或农家乐等产业发展的相关政策及实施意见,数量超过50项,具体涉及组织体系、产业引导、规划引领、资金扶持、规范管理等多方面。

一是明确组织体系。市、各区县(市)两级政府陆续出台关于发展农家客栈、农家乐、发展民宿经济的指导性文件,专门成立工作协调小组,成立行业协会,层层落实主体责任,强化考核督查,将民宿经济发展工作纳入市对区县(市)和市级有关部门的考核内容。

如象山县县委、县政府2011年出台《关于发展“农家客栈”的实施意见》,明确了组织体系分县级、乡镇级、重点村及协会组织四级。其中县级设立农家乐休闲旅游工作领导小组,并在县风景旅游局设立办公室,负责做好牵头协调、政策制定、行业规范等日常管理工作;2016年宁波市成立市饭店业协会客栈民宿委员会;2018年宁波市人民政府办公厅出台《关于加快民宿经济发展推进农旅文深度融合的意见》(甬政办发〔2018〕44 号），明确成立市民宿经济发展协调小组，由市有关领导任组长，市级有关部门为成员单位，各区县（市）承担民宿经济发展主体责任，成立相应的领导机构和工作班子，乡镇（街道）抓好本区域内民宿经济发展具体实施工作。

二是加强产业引导。宁波市人民政府在推进宁波休闲旅游目的地建设、乡村旅游发展、城乡品质提升、全域旅游发展等重点工作中，都提出引导、扶持民宿产业发展，营造有利于民宿经济发展的良好社会环境。宁波市人民政府《关于加快休闲旅游目的地建设的意见》（甬政发〔2015〕50 号）提出“推进住宿业结构优化、建设乡村旅游重点村（民宿集聚区）”；宁波市人民政府办公厅《关于加快推进乡村旅游发展的若干意见》（甬政办发〔2015〕69 号），提出“重点扶持乡村民宿开发，培育发展多元化、集聚式的乡村民宿，创新乡村旅游投融资平台，重点支持市场前景好、综合效益高、具有扶贫等重大意义的乡村民宿等新型业态项目”；宁波市人民政府《关于实施“提升城乡品质建设美丽宁波”行动计划的指导意见》（甬政发〔2015〕106 号），提出“加快发展民宿经济和乡村旅游”；2016 年宁波市旅游局在全国首创制定《宁波市乡村全域旅游示范区认定管理办法》并实施，其中明确要求示范区内住宿客房数量的民宿占比不少于 50%，并在每年的示范区复核中对民宿增量提出具体要求，新增精品民宿 2 家，新增民宿床位数 80～100 张。中共宁波市委、宁波市人民政府《关于推进全域旅游促进旅游业改革发展的若干意见》（甬党发〔2017〕64 号），提出“加强引导民宿产业有序集聚发展，推进 A 级景区村庄和民宿经济成为全域旅游的着力点和突破口”；宁波市人民政府办公厅《关于加快民宿经济发展推进农旅文深度融合的意见》（甬政办发〔2018〕44 号），提出“明确民宿经济发展总体要求、构建民宿经济产业体系、推进民宿业规范健康发展、加强民宿经济发展基础建设、强化民宿经济发展要素保障、健全民宿经济发展工作机制”；对重大旅游投资项目，另行给予一事一议政策等。近年来，宁波市还通过举办民宿产业发展调研座谈会、民宿发展论坛、精品民宿评选、民宿项目招商等活动，加强对宁波民宿经济发展的引导。自 2015 年开始，每年举办民宿高峰论坛，围绕民宿发展机遇与挑战，搭建业主和专家交流平台，着力提升民宿业态品质；2017 年举办宁波十佳特色民宿评选、最美民宿女主人评选和全国民宿设计大赛，编制《宁波民宿导览手册》和手绘地图，精选品质民宿和优秀业主，示范引领全市民宿提升品质；2014年以来，连续多年赴杭州、上海等地举办民宿项目专场招商会，引进知名民宿品牌投资商。

三是科学规划引领。宁波市人民政府、市级旅游部门、各区县（市）出台的关于乡村旅游、民宿经济发展、乡村振兴等各项政策、实施意见中都提出民宿发展要加强科学规划，突出规划的引领作用和管控作用，按照"科学规划、生态保护、精心设计、集中打造、节约资源"的要求，进一步优化完善各项建设规划。2014年底，宁波市旅游局编制《宁波民宿发展研究》报告，调研全市民宿发展现状及相关典型案例，明确民宿发展下一步工作重点、确定"靠山傍水近城区"的空间布局和集聚区发展模式。2015年4月开始，宁波市又先后制定出台了《关于加快推进乡村旅游发展的若干意见》和《四明山区域旅游发展实施细则》，编制了《宁波市乡村旅游提升规划》，以文件精神为指导全面推进落实宁波市乡村旅游发展工作，引导完善各类乡村旅游基础设施、全力推进民宿经济的发展。《宁波市乡村旅游提升规划》中明确将"培育乡村民宿"作为丰富乡村旅游新业态中的一项重要内容。同时，围绕乡村旅游提升规划，结合《宁波民宿发展研究》报告，科学合理布局全市民宿发展。2017年宁波市人民政府出台的《宁波市"十三五"旅游业发展规划》，以及2018年宁波市委办公厅、宁波市人民政府办公厅编制的《全面实施乡村振兴战略三年行动计划（2018—2020）》等文件中都提出以"发展乡村精品民宿""建设特色乡村民宿集聚区"作为"培育乡村旅游新业态、提升发展乡村旅游"的重点工作。在区县（市），《宁波市奉化区民宿发展规划（2016—2025）》是宁波市首部区级民宿专项规划，宁海县对编制民宿专项规划给予财力补助等。

四是加大资金补助。2015年宁波市编制《乡村旅游项目补助实施细则》，大力推进乡村旅游住宿业发展，加快培育民宿（客栈）集聚区。市级财政每年安排1 500万元，重点支持乡村旅游及民宿发展。对符合条件的民宿给予每张床位1 000 ~ 2 000元的补助，品质相对较高的民宿得到更多的政策补助资金。同时，探索金融支持乡村旅游项目开发，指导区县（市）积极推动创新金融支农服务，推动"以奖代补"的政策及措施等。各区县（市）出台的旅游产业扶持政策、专项资金使用管理办法、旅游民宿扶持办法、民宿发展管理办法等都明确了民宿项目补助标准，既有对经营户的补贴，也有对村级组织和集体的补助、税收优惠政策，为民宿的集群发展和健康发展奠定制度和资金基础。

五是规范管理服务。宁波市在民宿（客栈）标准化建设、营业许可申领和简化审批手续、消防、治安安全、卫生、环保等民宿管理服务方面也不断做出了探索与实践。2015 年，宁波市出台《特色客栈等级划分规范》（DB3302/T 1066—2015）地方标准规范，规定了特色客栈的术语和定义、分类和等级标识、等级划分、服务要求，将客栈（民宿）分为叶级标准；宁波市江北区开展民宿客栈联合审批试点工作（北区审改办〔2015〕2 号），“以满足民宿客栈经营者的需求为出发点，简化审批流程”，“创新审批方式，强化批后监管，规范民宿客栈管理”；宁波市人民政府办公厅《关于加快民宿经济发展推进农旅文深度融合的意见》（甬政办发〔2018〕44 号），提出“创新民宿业审批办证，对民宿集聚区，推行‘村 + 农户’打包办证法，允许将特种行业许可证办到村，由村统一组织申办证照，落实村和户的主体责任”；象山出台《民宿（农家客栈）规范整治专项行动方案》（象旅〔2018〕29 号），“专项规范整治对象为未办理相关证照但已实际用于游客住宿接待的民宿（农家乐），通过建筑物合法性审查，规范消防、环保、卫生、安全等设施，使实际用于游客住宿接待的民宿（农家乐）具备办证条件，并及时办理相关证照”；定期组织全市特色客栈（民宿）经营者参加素质提升培训班；强化民宿项目的对标建设、规范管理和示范引领，根据省民宿等级标准，在全市开展民宿等级评定，评定产生白金宿 1 家，金宿 2 家，银宿 9 家；修订《专项休闲旅游基地评定规范》宁波市地方标准（DB3302/T 1067—2015），把民宿列入十大新兴休闲业态之一，对民宿休闲旅游基地的软硬件设施进行规范，全市已有民宿休闲旅游基地 10 家。

（二）宁波民宿产业近五年大事记

1. 2014 年

（1）第一季度，象山沙地村推出“民宿—民食—民游”一条龙产品，受到市场追捧。

(2)9月11日至12日,宁波民宿项目招商专场推介会在杭州举行。宁波市旅游局重点推介余姚市、慈溪市、奉化、江北区等区县市15个村的民宿招商项目。

(3)11月26日,宁波市旅游局召开《宁波民宿发展研究》专家论证会,并于2014年12月正式发布《宁波民宿发展研究》报告。

(4)12月,宁波市旅游局授予象山县定塘镇沙地村、象山县墙头村方家岙村、奉化大堰镇为"宁波市民宿基地"。

2. 2015年

(1)3月至12月,宁波市旅游局围绕市委、市政府关于开展"美丽乡村 · 幸福家园"建设,发布《美丽乡村推广活动总体方案》,推出"迟归日暮,美丽乡村投宿去"活动,评选十大富有特色的"民宿目的地"。

(2)4月,奉化大堰镇被评为"浙江年度最具特色十佳民宿基地"。

(3)5月,宁波市乡村旅游工作推进会上,提出"着力引导乡村民宿等四大休闲度假业态,培育发展多元会、集聚式的乡村民宿,到2017年,完成建设龙观龙溪村、定塘沙地村、四明山仰天湖村、章水李家坑村、大岚柿林村、深甽南溪村等民宿集群","支持乡村旅游与周边景区整合促销,通过景区门票+乡村民宿'打包'销售的方式提高收益"。同月18日,《宁波旅游》2015年第四期发布《宁波市客栈(民宿)发展对策研究》。

(4)5月,宁波市政府印发《关于加快推进乡村旅游发展的若干意见》(甬政办发〔2015〕69号),提出"重点扶持乡村民宿开发,对投资乡村民宿给予一定补助","至2017年,建设形成30个以上乡村旅游重点村(民宿集聚区)"。

(5)6月,宁波发布《特色客栈等级划分规范》地方标准规范,将特色客栈等级划分为五档。北仑区出台了民宿发展的扶持政策,对符合要求的民宿经营户按照不同的档次给予奖励;江北区首创了民宿客栈的联合审批制度,简化了民宿客栈项目的审批过程,加速民宿的开发;杭州湾新区出台了《农家乐客栈(民宿)发展扶持办法》。

(6)12月,安山村民宿休闲旅游基地、黄公岙民宿休闲旅游基地被评定为专项休闲旅游基地。同月,《宁波市乡村旅游项目补助实施细则》出台,2015 年至 2017 年,市级财政每年安排 1 500 万元扶持乡村旅游,符合条件的民宿将得到一定补助。

3. 2016 年

(1)3 月,宁波市特色客栈(民宿)经营者素质提升培训班举办。

(2)4 月,为进一步贯彻《市委市政府关于加快推进四明山区域生态发展的实施意见》(甬党发〔2015〕8 号),宁波市旅游局明确“四明山区域旅游发展工作要以‘扶持民宿产业,举行四明山民宿国际峰会’为工作重点”,“做好示范民宿建设指导工作,新增民宿集聚区 5 个,床位 200 个,编印民宿导览手册,开展民宿线上营销”。

(3)6 月,宁波市特色客栈(民宿)管理者二期培训班举行。

(4)7 月,组织举办宁波民宿项目招商(上海)推介会。

(5)8 月,市联合检查组检查北仑农家乐及民宿安全工作。

(6)2016 年上半年,余姚、鄞州分别出台《余姚市民宿管理办法(试行)》、《鄞州区特色民宿发展暂行办法》,奉化开启集装箱民宿项目建设。

(7)9 月 19 日,由宁波市旅游局、宁波市饭店业协会、宁波市旅游投资发展有限公司主办的“宁波市饭店业协会客栈民宿委员会”成立大会暨“宁波民宿网”上线启动仪式在宁波市联谊宾馆举办。

(8)10 月,《北仑区旅游事业发展“十三五”规划》提出,“到‘十三五’末,培育 3 ~5个特色民宿集群”。

(9)11 月,宁波市首部区级民宿专项规划——《宁波市奉化区民宿发展规划(2016—2025)》通过评审。同月,余姚大岚镇柿林村、余姚四明山镇大山村、慈溪观海卫镇双湖村、奉化大堰村、宁海前童村、宁海双林村、象山方家岙村、象山沙地村、江北鞍山村、北仑三山村双狮社被评为“宁波十大特色民宿村”。

(10)12 月,江北毛岙村、桥头胡双林农居、何婆岭、花墙村被授予“宁波市民宿休闲旅游基地”。同月,宁波市旅游局组织举办“第二届民宿产业对洽会”。

4. 2017 年

(1)2 月 10 日，宁波市饭店业协会客栈民宿委员会第一届第一次理事会顺利召开。同月，2017 年宁波民宿产业发展调研座谈会顺利召开。

(2)5 月 16 日，根据市总工会、市旅游局《进一步推进职工疗休养工作促进乡村旅游业发展的实施意见》和《关于申报职工疗休养推介基地(点)的通知》精神，经企业自评、申报，各区县(市)总工会和旅游局初评，推荐，市总工会、市旅游局考核认定 23 家民宿上榜。

(3)9 月 5 日宁波市饭店业协会客栈民宿委员会一届四次会长会议召开；11 月 1 日宁波市饭店业协会客栈民宿委员会一届五次理事会在秘书处召开。

(4)11 月 2 日下午，2017 中国(浙江)特色小镇、民宿产业投资贸易展览会启动仪式暨宁波会展品牌发展研究院揭牌仪式在开元名都大酒店举行。

(5)12 月 1 日至 3 日，宁波举办“2017 中国(浙江)民宿、精品酒店产业展览会暨中国特色小镇投资贸易高峰论坛”。本次论坛围绕民宿建设、配套产业、品牌提升等系列主题展开研讨交流。

(6)12 月 18 日，2017 中国(宁波)民宿高峰论坛暨民宿设计大赛在宁波国大雷迪森广场酒店顺利举行，论坛主题围绕“民宿发展机遇与挑战”为中心展开，活动包括“宁波十佳特色民宿”和十位“最美民宿女主人”评选颁奖环节、2017 全国民宿设计大赛、民宿项目地推介以及民宿沙龙对话。

5. 2018 年

(1)1 月 4 日，2017 宁波“美丽乡村”旅游推广年十大民宿集聚区评定。

(2)1 月 15 日，宁波市饭店业协会客栈民宿委员会一届六次理事会召开；3 月 16 日，宁波市饭店业协会客栈民宿委员会一届七次理事会召开。

(3)1 月 17 日，宁波海曙区“龙观禅那”评选为浙江省首批白金级民宿，象山县“饮海三湾”、江北区“慈舍”评选为浙江省首批金宿级民宿。

(4)2 月 11 日，国内知名民宿品牌及创始人和运营团队齐聚宁波东钱湖，共话民宿产业未来发展。

(5)4 月 10 日，宁波市政府发布《关于加快民宿经济发展推进农旅文深度融合的意见》。

(6)6 月，奉化“漫休谷”、宁海“楠山南”、宁海“南与舍”、宁海“乡叙王干山”、宁海“鹿山别院”、象山“随囍”、象山“沙塘静湾”、象山“安澜别院”、东钱湖“官驿湖居”9 家民宿评选为浙江省首批银宿级民宿。

(7)7 月，《宁波民宿互联网大数据分析报告》发布。

(8)9 月，“龙观禅那”获评“全国最佳民宿”。

二、2018 宁波民宿产业发展现状

(一)规模扩大

1. 民宿的总量庞大

如今已是全民旅游时代，民宿作为一种新型业态，因入住便利，资源独特且带有一定的文化属性，成为休闲旅游业的“新宠”。据统计，宁波市现有民宿 1 180 家，在建民宿 94 家，客房数量 12 932 个，床位数量 22 911 张。民宿总体数量呈上升趋势，宁波民宿预订产品供应也将保持加速增长(见图 1-1)。

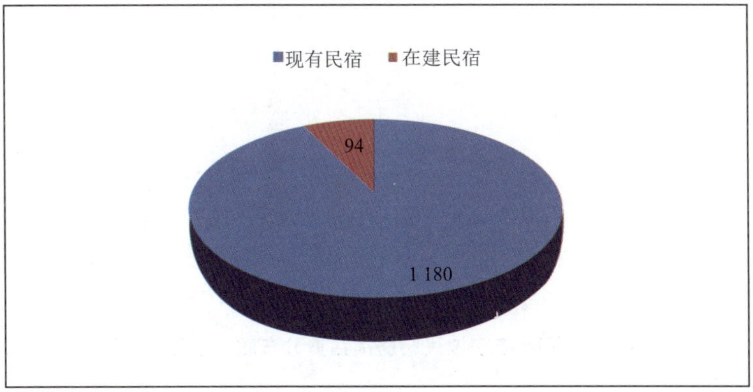

图 1-1　2018 年宁波民宿总体数量（单位：家）

2. 各县市民宿数量分布不均

象山县共657家，占总量的55.6%，宁海县共219家，余姚市共86家，北仑区76家，奉化区55家，海曙区25家，江北区22家，慈溪市、鄞州区各14家，镇海区13家(见图1-2)。全市现有房间数12 932间，排在前几位有象山县7 654间，宁海县1 900间，奉化区845间，余姚市817间(见图1-3)。

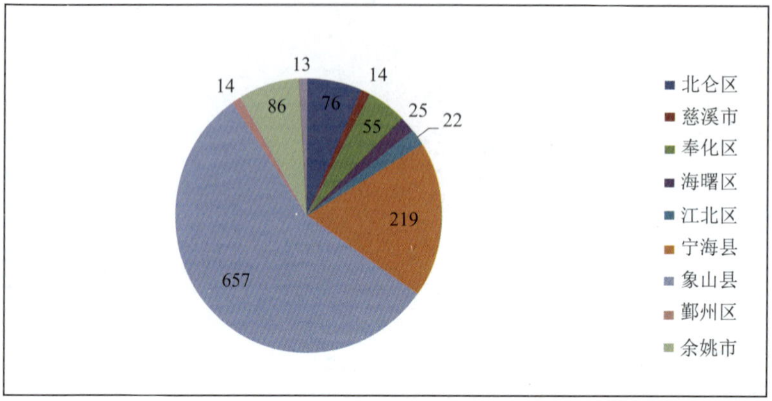

图1-2　2018年宁波民宿数量分布图（单位：家）

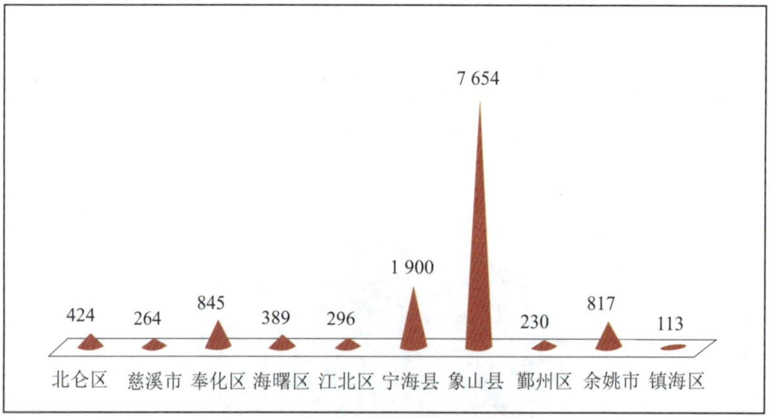

图1-3　2018年宁波民宿房间数量分布图（单位：间）

3. 精品民宿数量可观

宁波市共有精品民宿 125 家，其中余姚市 33 家、宁海县 27 家、海曙区 17 家、奉化区 12 家、鄞州区 11 家、象山县 9 家、北仑区 6 家、慈溪市 4 家、江北区 3 家、镇海区 2 家、东钱湖旅游度假区 1 家。宁波精品民宿占到总体民宿的 10.59%，估计未来两年新建的精品民宿数量将会翻倍（见图 1-4）。

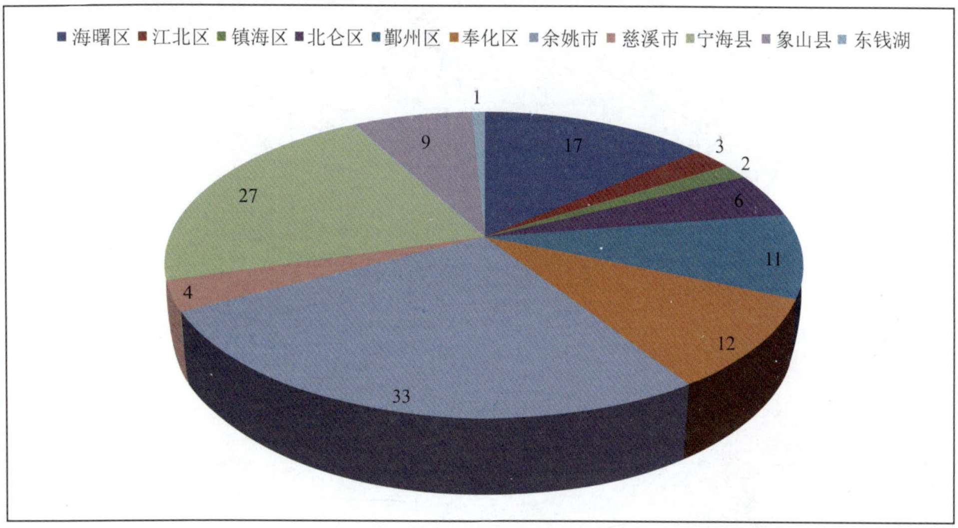

图 1-4　2018 年宁波精品民宿分布图（单位：家）

4. 民宿床位数量相对充足

宁波民宿的总床位数 22 911 张，床位数列前四的有象山县 13 513 张，宁海县 3 511 张，奉化区 1 646 张，余姚市 1 390 张，四个县市区占总数床位数 87.56%，其中象山县占了全市总床位数的 58.98%。精品民宿床位共有 3 049 张，位居前三的有余姚市 821 张，鄞州区 507 张，海曙区 450 张，平均每个县市区 277 张（见图 1-5 和图 1-6）。

计划床位数有 1 755 张，同比增长 17%，成为住宿业新的增长点，计划试营业时期为 2018 年到 2019 年上半年，个别会延至 2019 下半年试营业（见图 1-7）。

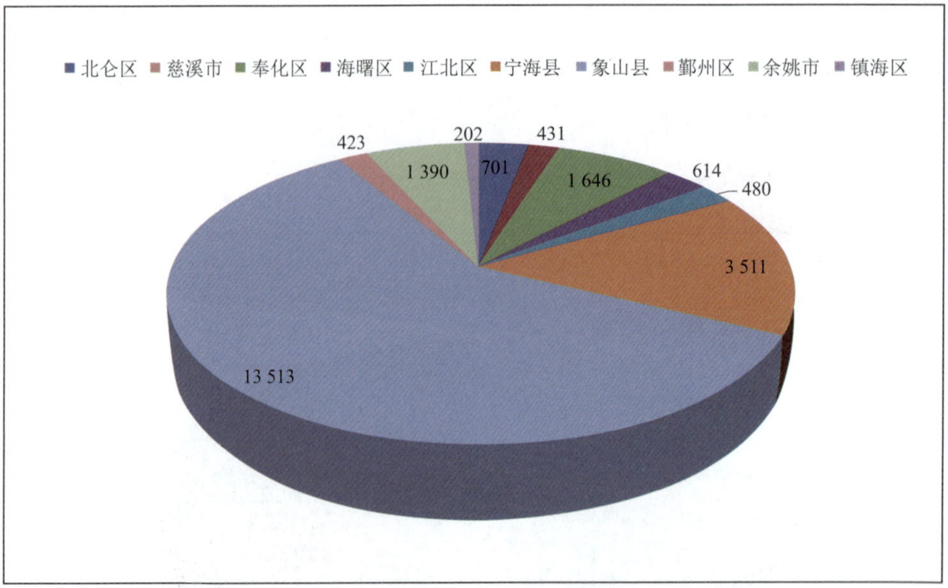

图 1-5　2018 年宁波民宿现有床位数量分布图（单位：家）

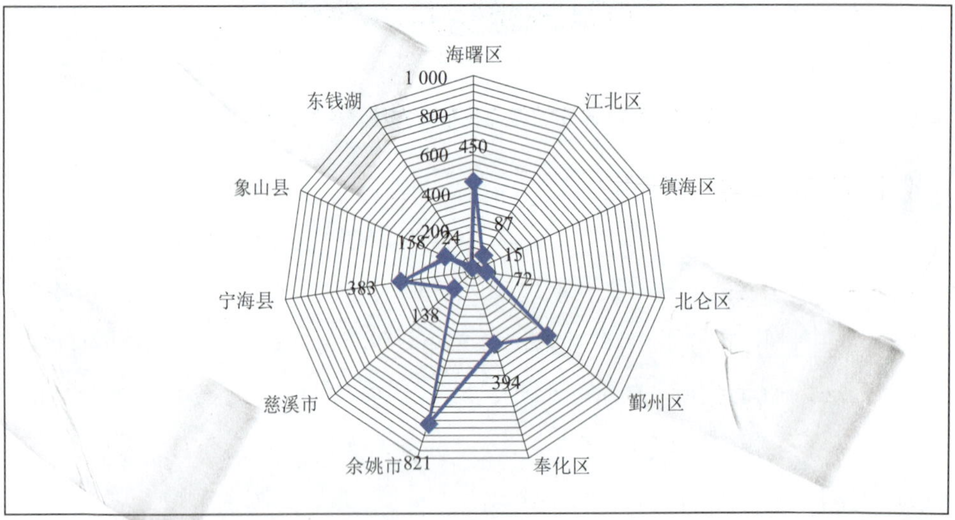

图 1-6　2018 年宁波精品民宿现有床位数量分布图（单位：张）

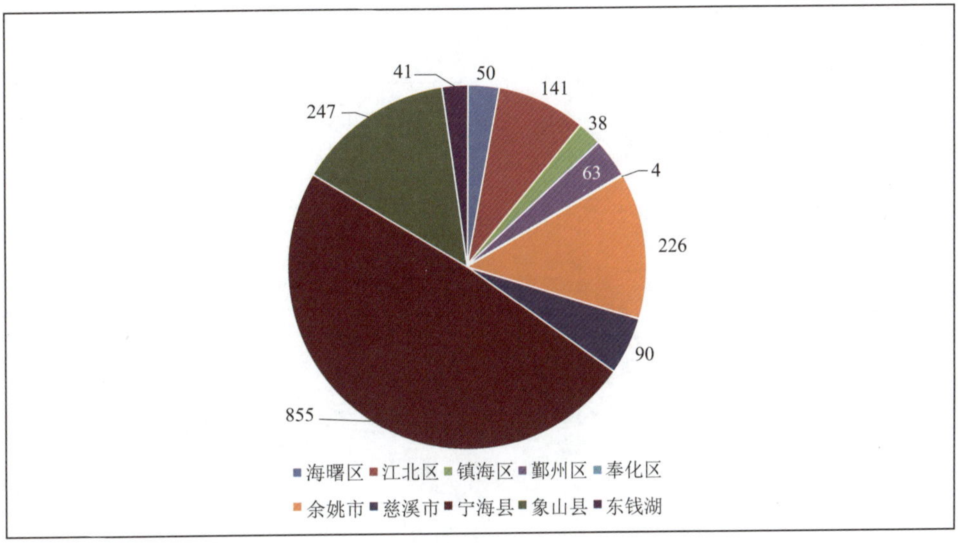

图 1-7　2018—2019 年 6 月宁波民宿计划床位数（单位：张）

5. 民宿集聚区功能凸显

全市共有 55 个民宿集聚区，集聚区域分布较散，其中象山县有 27 个民宿集聚区，占总集聚区的 50%，集聚区的分布多以宁波的主要景点、旅游镇村为聚集地。集聚区的床位数为 13 885 个，占宁波民宿总床位数的 60%，房间数量为 7 295 个，占宁波民宿总房间数的 31.8%（见图 1-8 和图 1-9）。

（二）效益显著

1. 民宿总体收入增加

根据各地上报的情况来看，宁波民宿 2017 年的总体收入为 10 663.96 万元，其中总收入前三的有：象山县民宿的总体收入为 5 106.46 万元，宁海县民宿的总体收入为 3 210.3 万元，奉化区民宿的总体收入为 866 万元。

宁波民宿 2018 年第一季度的总体收入为 2 001.695 万元，其中江北区民宿暂未营业，其中总收入前三的有：象山县民宿的总体收入为 963.395 万元，宁海县民宿的总体收入为 711.5 万元，奉化区民宿的总体收入为 214 万元。按照 2018 年第一季度的数据来看,2018 年宁波各县市总体收入态势呈上升趋势(见图 1-10)。

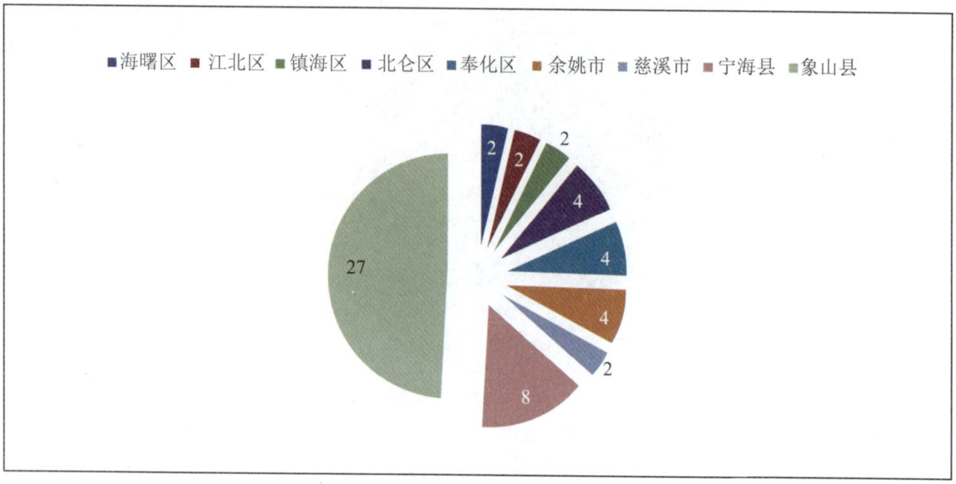

图 1-8　2018 年宁波民宿集聚区分布图（单位：个）

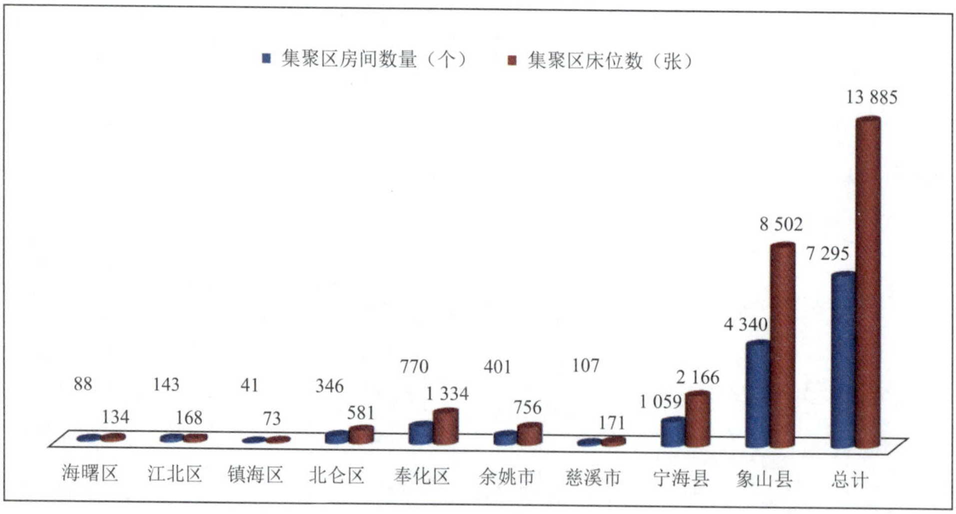

图 1-9　2018 年宁波民宿集聚区房间与床位数量分布图

2. 民宿客房收入占比较高

宁波市民宿客房总体收入为 6 564. 9 万元,占总体收入的 61. 56% ,成为民宿收入的主要来源，由此可见客房出租率与客房价格对民宿客房收入的重要性（见图 1-11）。

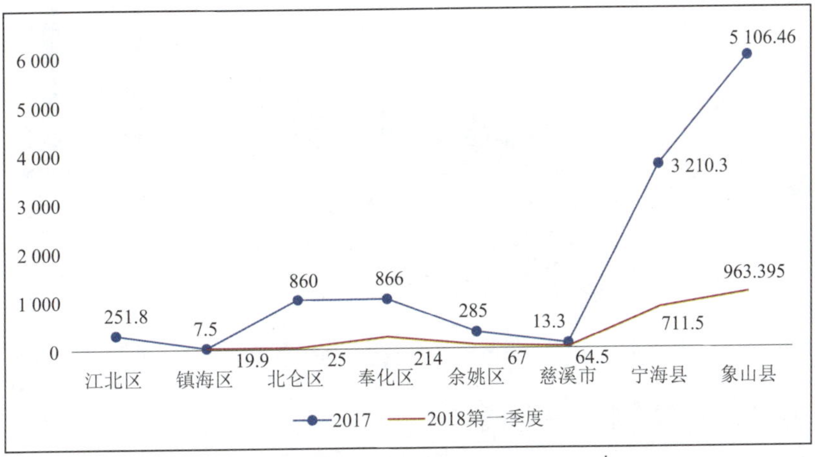

图 1-10　宁波民宿 2017—2018 年第一季度总体收入（单位：元）

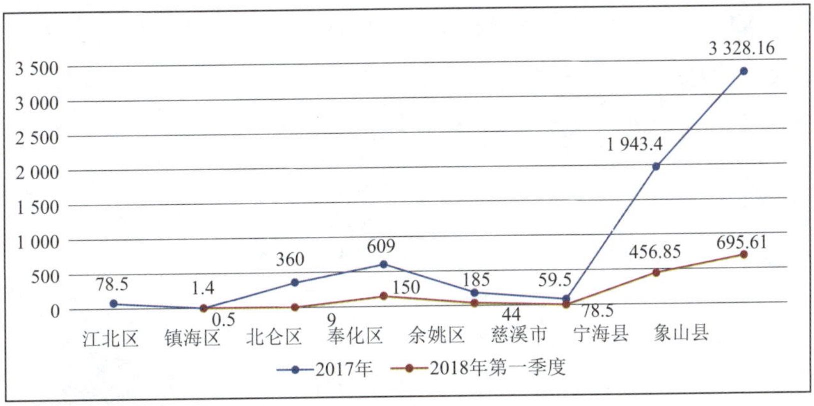

图 1-11　宁波民宿 2017—2018 年第一季度客房收入（单位：元）

3. 民宿餐饮收入潜力巨大

宁波市民宿餐饮总体收入为 3 215. 9 万元，占总体收入的 30. 157%，餐饮收入也是民宿总收入的来源，但是占比一般，因此提高民宿的餐饮配套，挖掘民宿餐饮产品与特色具有很大潜力（见图 1-12）。

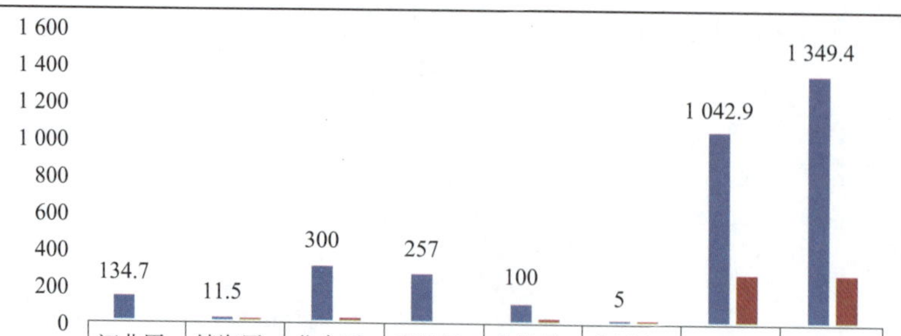

	江北区	镇海区	北仑区	奉化区	余姚区	慈溪市	宁海县	象山县
2017年	134.7	11.5	300	257	100	5	1 042.9	1 349.4
2018第一季度	0	4.85	10	0	23	1.5	214.2	259.65

■2017年 ■2018年第一季度

图 1-12　宁波市 2017—2018 年第一季度各县市区民宿餐饮收入（单位：万元）

4. 各县市民宿总体收入差异明显

根据数据显示,2017 年和 2018 年第一季度,象山县民宿总收入占了宁波民宿总收入的 48% 左右,宁海县民宿总收入占了宁波民宿总收入的 30% ～35% ,奉化区民宿总收入占了宁波民宿总收入的 8% ～11% 。这三个区县的总收入共占了宁波民宿总收入的 90% 。其中北仑区在 2018 年第一季度总体收入有严重下滑,是 2017 年总体收入占比的 1/8(见图 1-13)。

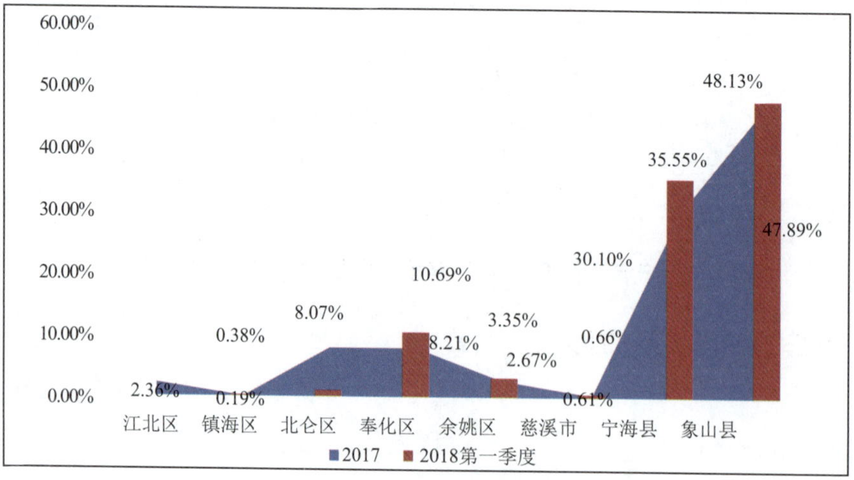

图 1-13　各县市民宿总体收入占宁波民宿总收入之比

从2017年和2018年第一季度的客房收入占比来看，慈溪市、奉化区、象山县的民宿总收入主要依赖于客房收入。其中江北区第一季度未营业（见图1-14）。

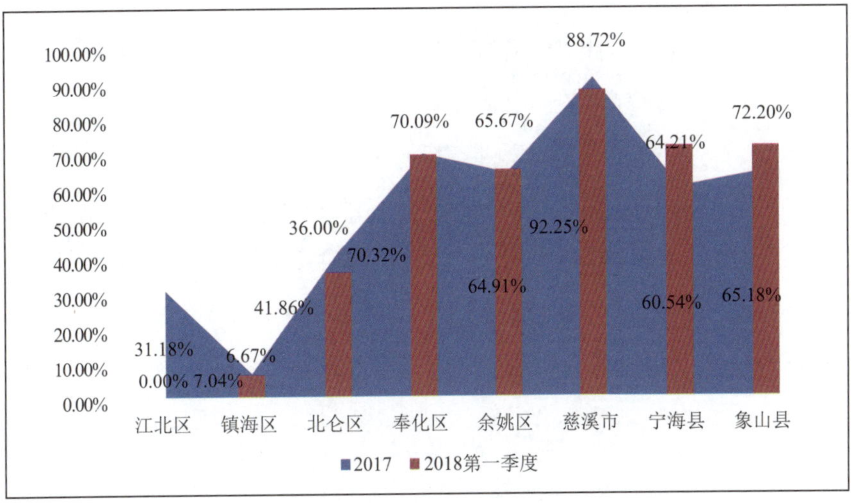

图1-14　宁波民宿客房收入占比

从2017年和2018年第一季度的民宿餐饮收入占比来看，镇海区、江北区、北仑区的民宿总收入主要依赖于餐饮收入。其中江北区第一季度未营业（见图1-15）。

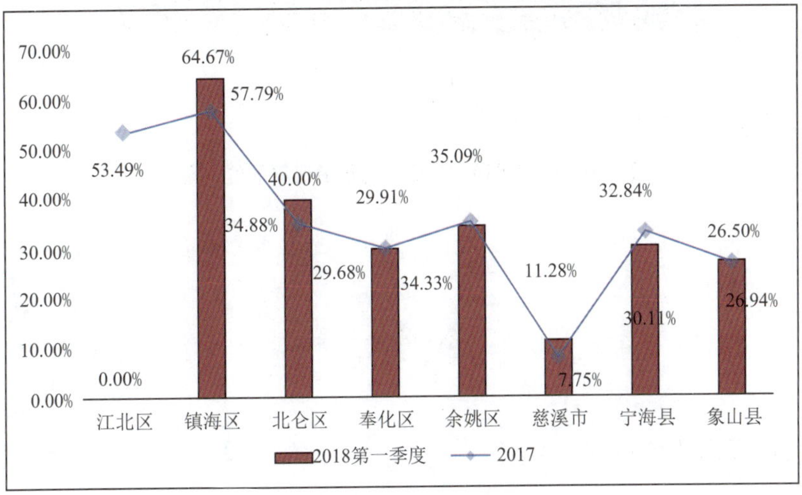

图1-15　宁波民宿餐饮占比

（三）品质提升

1. 审批逐渐规范化

根据各地上报情况来看，其中镇海区、北仑区、慈溪市无法办理特种行业许可证，海曙区、鄞州区、余姚市、象山县尚且有部分民宿在办理特种行业许可证；海曙区尚且有部分民宿正在办理营业执照，其他区县市都具有营业执照；北仑区无法办理卫生许可证，海曙区、鄞州区，余姚市尚有部分民宿正在办理卫生许可证；海曙区、镇海区、鄞州区、余姚市、象山县、东钱湖旅游度假区尚有部分民宿正在办理食品经营许可证（见图 1-16，统计时间截至 2018 年 6 月）。当前各种证件办理情况明显好转。

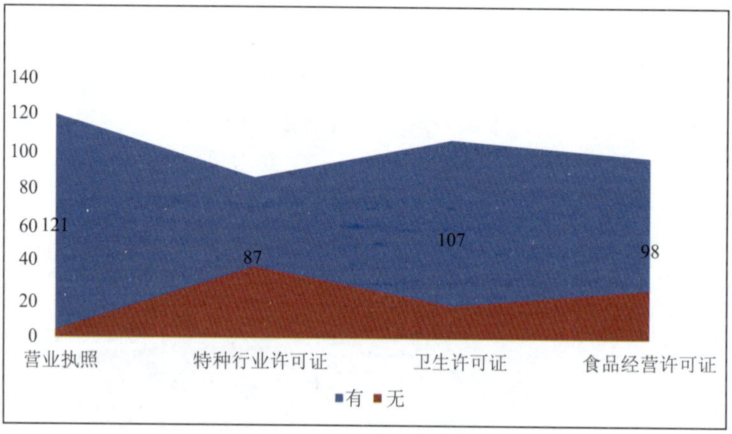

图 1-16　宁波民宿“四证”规范情况（单位：家）

根据统计资料显示，民宿属于街道管理的，约占 8.068%；属于镇管理的，约占 6.112%；属于局、政府管理的，约占 9.046%；属于旅游服务中心管理的，约占 8.802%；属于有限公司管理的，约占 9.291%；民宿有专业团队运营但未注明的，约占 58.680%。

2. 金银民宿的全省地位突出

全省有 122 家民宿被评为白金级、金宿级、银宿级民宿，其中宁波有 1 家白金级,2 家金宿级,9 家银宿级(见图 1-17)。

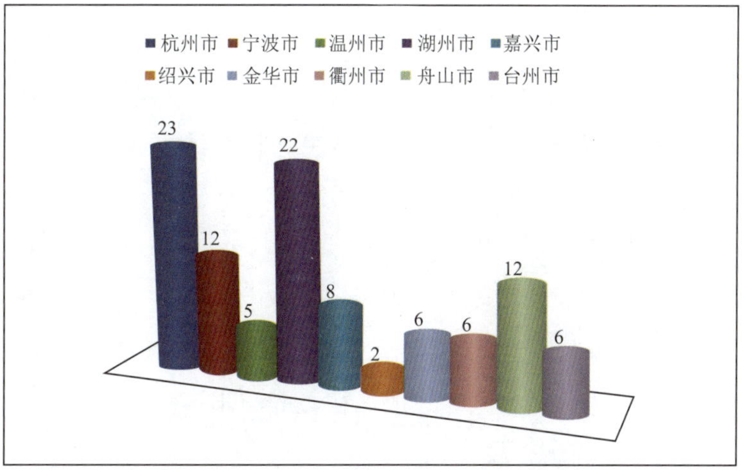

图 1-17 浙江省各地市金银民宿对比图（单位：家）

3. 民宿平均价格不高

浙江省民宿平均出租率为 45.2%,平均房价为 400 元/间。平均房价最高的是湖州 616 元/间,最低的是嘉兴 266 元/间,宁波民宿的平均房价为 447 元/间(见图 1-18)。

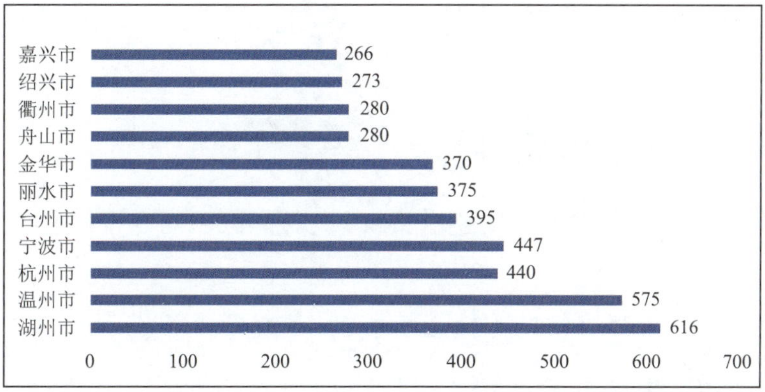

图 1-18 浙江民宿平均房价（单位：元/间）

（四）特征明显

1. 总量大，发展快

2015年至2018年是民宿市场发展高峰期，随着宁波现有热门旅游景区的客流量增加以及新旅游资源的开发，未来宁波民宿将继续扩张上升，宁波民宿产业呈现总量大，发展快的典型特征。

2. 投资多，来源广

宁波市将把民宿产业作为新型产业链经济来打造。在2017年全市民宿经济总收入50多亿元的基础上，争取3年翻一番，2020年民宿经济总收入力争突破100亿元，年均增长25%以上，基本建成民宿经济产业体系。民宿主体呈现多元化趋势，民宿投资的资金来源广泛。

3. 多集聚，少分散

2017年，宁波全市各区县（市）不断挖掘资源禀赋、打造文化特色，乡村旅游蓬勃发展。其中"江北北山、奉化大堰、镇海九龙湖、海曙龙观、象山石浦、北仑春晓、余姚四明山、鄞州横溪、宁海桑洲、慈溪鸣鹤"等十个聚集区规模较大。宁波民宿产业呈现了聚集态势明显、区域分布散落的特征。

三、宁波民宿产业需求分析

（一）市场需求增长迅速

随着居民美好生活需要的日益增长和乡村振兴战略的有序推进，作为乡村旅游和文化集中展现、"诗与远方"跨界融合的民宿，一定程度上成为了广大消费者体验目的地文化、社交的有效载体，近年来越来越受到青睐。

（二）民宿客源来源集中

城市周边的周末休闲游目前已成为增速最快的旅游产品之一。借此东风，民宿普遍季节性明显，周末黄金周为接待旺季。而因受文化地缘性和交通可达性影响，目前宁波民宿主要客源除本市宾客外，主要来自于浙江省内其他城市和上海、江苏等长三角城市群的客人。

（三）游客偏重多样体验

随着长三角城市群整体经济水平的提升，宾客消费能力较强，他们在选择民宿时对于融入当地特色的多元化体验的需求日益旺盛，并有不少比例的宾客更多追求精神层面的体验，与主人、管家互动频繁，民宿服务质量、周边环境、特色产品、项目体验等软性指标也随之和硬件设施、卫生情况等硬性指标一样成为选择和评价民宿的关键因子。

（四）价格需求分层均衡

宁波市信息中心发布的“宁波民宿互联网大数据分析报告”结果显示，大多数游客在宁波市消费选择 300 元以下价位的民宿，占比达 45.35%；其次是选择 500～1 000元的占 19.38%；300～500 元的占 15.89%；1 000～1 500 元的占 8.91%；1 500 元以上的占 10.47%。宁波市民宿消费群体在价位选择上分布相对均衡，不同层级消费者都能在宁波找到相应档次的民宿产品。

第二章

宁波民宿产业发展政策法规与标准

一、民宿发展政策、法规与标准

（一）国家层面

国家民宿政策、法规与标准见表2-1。

表 2-1　国家民宿政策、法规与标准(2015 年至今)

序号	发布时间	政　　策	文件编号	与民宿相关政策要点
1	2015 年 1 月	中共中央办公厅、国务院办公厅印发《关于农村土地征收、集体经营性建设用地入市、宅基地制度改革试点工作的意见》		“改革完善农村宅基地制度”,至 2017 年底,在全国 33 个县(市、区)试点推开,浙江省义乌市、德清县在名单内。其中,浙江省德清县通过盘活存量宅基地改造民宿 530 家
2	2015 年 11 月 19 日	《国务院办公厅关于加快发展生活性服务业促进消费结构升级的指导意见》	国办发〔2015〕85 号	“积极发展绿色饭店、主题饭店、客栈民宿、短租公寓、长租公寓、有机餐饮、快餐团餐、特色餐饮、农家乐等满足广大人民群众消费需求的细分业态”
3	2015 年 11 月 25 日	国土资源部、住房和城乡建设部、国家旅游局《关于支持旅游业发展用地政策的意见》	国土资规〔2015〕10 号	“明确旅游新业态用地政策:在符合土地利用总体规划、县域乡村建设规划、乡和村庄规划、风景名胜区规划等相关规划的前提下,农村集体经济组织可以依法使用建设用地自办或以土地使用权入股、联营等方式与其他单位和个人共同举办住宿、餐饮、停车场等旅游接待服务企业。依据各省、自治区、直辖市制定的管理办法,城镇和乡村居民可以利用自有住宅或者其他条件依法从事旅游经营。农村集体经济组织以外的单位和个人,可依法通过承包经营流转的方式,使用农民集体所有的农用地、未利用地”
4	2016 年 1 月 27 日	《中共中央、国务院关于落实发展新理念加快农业现代化实现全面小康目标的若干意见》	中发〔2016〕1 号	“大力发展休闲农业和乡村旅游”,“依据各地具体条件,有规划地开发休闲农庄、乡村酒店、特色民宿、自驾露营、户外运动等乡村休闲度假产品”

续表

序号	发布时间	政　　策	文件编号	与民宿相关政策要点
5	2016 年 2 月 17 日	发改委、中宣部、科技部等十部门联合出台《关于促进绿色消费的指导意见》	发改环资〔2016〕353 号	“支持发展共享经济，鼓励个人闲置资源有效利用，有序发展网络预约拼车、自有车辆租赁、民宿出租、旧物交换利用等”
6	2016 年 12 月 5 日	国家发展改革委、国家旅游局《关于实施旅游休闲重大工程的通知》	发改社会〔2016〕2550 号	“重点支持旅游景区、民宿客栈等节水节电、绿色低碳升级改造项目”，“国家发展改革委、国家旅游局通过中央预算内投资、专项建设基金、旅游发展基金等方式对旅游休闲重大工程项目给予支持。积极协调有关部门在政策允许的范围内对列入旅游休闲重大工程的项目给予一定土地、规划等政策支持”
7	2016 年 12 月 7 日	国务院印发《“十三五”旅游业发展规划》	国发〔2016〕70 号	“鼓励发展自驾车旅居车营地、帐篷酒店、民宿等新型住宿业态”，“推动旅游共享经济商业模式创新，开展互联网约车、民宿旅游接待、分时度假等共享经济试点项目”
8	2016 年 12 月 31 日	《中共中央国务院关于深入推进农业供给侧结构性改革　加快培育农业农村发展新动能的若干意见》	中发〔2017〕1 号	“丰富乡村旅游业态和产品，打造各类主题乡村旅游目的地和精品线路，发展富有乡村特色的民宿和养生养老基地”
9	2017 年 2 月	中国社会科学院《旅游绿皮书：2016—2017 年中国旅游发展分析与预测》		建议各地探索合理合法、高效一体的民宿行业管理政策，推行行业许可经营制度，建立统一的民宿审批与监管机制，提高民宿经营的规范性与稳定性

续表

序号	发布时间	政　　策	文件编号	与民宿相关政策要点
10	2017年2月27日	住房城乡建设部、公安部、国家旅游局制定《农家乐(民宿)建筑防火导则(试行)》	建村〔2017〕50号	"第三条　本导则适用于经营用客房数量不超过14个标准间(或单间)、最高4层且建筑面积不超过800平方米的农家乐(民宿)。超过上述规模或新建的农家乐(民宿),应符合《农村防火规范》GB 50039—2010、《旅馆建筑设计规范》JGJ 62—2014、《建筑设计防火规范》GB 50016—2014要求"
11	2017年8月15日	国家旅游局发布《旅游民宿基本要求与评价》	LB/T 065—2017	这是关于民宿的首个国家级行业标准。规定了旅游民宿的定义、评价原则、基本要求、管理规范和等级划分条件。适用于正式营业的小型旅游住宿设施,包括但不限于客栈、庄园、宅院、驿站、山庄等
12	2018年3月22日	国务院办公厅发布《关于促进全域旅游发展的指导意见》	国办发〔2018〕15号	"大力推进旅游扶贫和旅游富民。通过民宿改造提升等方式,增加贫困村集体收入和建档立卡贫困人口人均收入","强化旅游用地用海保障。城乡居民可以利用自有住宅依法从事民宿等旅游经营。在不改变用地主体、规划条件的前提下,市场主体利用旧厂房、仓库提供符合全域旅游发展需要的旅游休闲服务的,可执行在五年内继续按原用途和土地权利类型使用土地的过渡期政策"

（二）浙江省层面

浙江省民宿政策、规划与标准见表2-2。

表2-2　浙江省民宿政策、法规与标准

序号	发布时间	政　　策	文件编号	与民宿相关政策要点
1	2014年11月21日	浙江省人民政府发布《关于加快培育旅游业成为万亿产业的实施意见》	浙政发〔2014〕42号	“实施‘新十百千工程’，到2017年全省创建20个左右旅游产业发展示范县（市、区），培育100个左右省级旅游度假区和旅游风情小镇，培育1 000家左右乡村旅游景区和特色民宿”
2	2015年9月25日	《浙江省旅游条例》	省人大常委会公告第31号	经省第十二届人民代表大会常务委员会第二十三次会议通过，自2016年1月1日起施行： “第十九条　县级以上人民政府应当鼓励城乡居民利用自有住宅或者其他条件兴办民宿和农家乐”； “第二十一条　国家机关、事业单位、国有企业的交通、食宿、会务等活动和工会组织的职工疗养休养活动，可以通过政府采购、购买服务等方式委托符合条件的旅行社、民宿、农家乐等旅游经营者提供服务”； “第三十一条　利用城乡居民自有住宅开办接待旅游者住宿的民宿，具备相应条件的，公安及其消防机构、卫生计生、食品药品监督、环境保护等有关部门应当发放相关的经营许可。民宿的范围和条件，由省人民政府根据有利于民宿发展的原则和法律、法规、规章的规定另行制定”

续表

序号	发布时间	政　　策	文件编号	与民宿相关政策要点
3	2016 年 4 月 12 日	浙江省人民政府办公厅《关于进一步促进旅游投资和消费的若干意见》	浙政办发〔2016〕40 号	“鼓励发展乡村旅游及民宿产业。因地制宜发展民宿产业……鼓励城乡居民利用自有住宅或其他条件打造一批个性鲜明、富有内涵、体现当地人文特色的精品民宿……鼓励社会资本投资建设休闲农庄、乡村酒店、特色民宿、乡旅创客、自驾露营、户外运动和养老养生等项目。各地可根据本地实际,制定有利于乡村旅游,特别是民宿业发展的办法或规定。允许和鼓励符合条件的乡村旅游点和民宿积极承接通过政府采购、购买服务等方式开展的公务活动和工会组织的职工疗休养活动,充分参与市场竞争”
4	2016 年 8 月	浙江省公安厅关于印发《浙江省民宿(农家乐)治安消防管理暂行规定》	浙公通字〔2016〕60 号	“第六条　民宿(农家乐)在投入使用、营业前,经营户应当向场所所在地的县级公安机关治安部门申请特种行业许可,并提交下列材料: (1)《浙江省特种行业许可申请登记表(民宿、农家乐)》《浙江省民宿(农家乐)消防安全情况登记表》; (2)营业执照复印件; (3)所在乡镇(街道)出具的位于乡、村庄或旅游景区规划区范围内的证明文件; (4)标明经营场所各层客房、内部通道、消防设施等分布及面积的平面示意图; (5)申请开办民宿(农家乐)的房屋质量、房屋权属等有关事宜符合国家有关规定”

续表

序号	发布时间	政　　策	文件编号	与民宿相关政策要点
5	2016年12月5日	浙江省人民政府办公厅《关于确定民宿范围和条件的指导意见》	浙政办发〔2016〕150号	“民宿(含提供住宿的农家乐,下同),是利用城乡居民自有住宅、集体用房或其他配套用房,结合当地人文、自然景观、生态、环境资源及农林牧渔业生产活动,为旅游者休闲度假、体验当地风俗文化提供住宿、餐饮等服务的处所。民宿的经营规模,单栋房屋客房数不超过15间,建筑层数不超过4层,且总建筑面积不超过800平方米。各地可结合当地实际,适当放宽民宿规模界定标准,但应相应提高消防安全技术要求,并报省政府备案”
6	2017年9月11日	浙江省旅游局发布地方标准《民宿基本要求与评价》	DB33/T 2048—2017	(1)明确了浙江省民宿地方行业标准,于2017年10月11日起实施。 (2)标准对浙江省民宿的基本要求、环境设施、管理服务、评价原则、等级划分条件等方面都提出了要求。在民宿经营规模上,单栋房屋客房数不超过15间,建筑层数不超过4层,且总建筑面积不超过800平方米。同时也要求生活用水(包括自备水源和二次供水)、食品来源加工和销售、卫生应符合国家相关标准要求,从业人员要持证上岗。民宿分为三个等级,白金级、金宿级、银宿级。等级越高表示接待设施与服务品质越高
7	2018年5月	浙江省旅游局出版《浙江民宿蓝皮书2017》		涵盖了浙江民宿发展概况、市场供需分析、发展重点话题、发展趋势与展望、政策法规与标准、2017年度浙江民宿发展的重要事件以及结语七大部分内容

（三）宁波市层面

宁波市民宿政策、法规与标准见表 2-3。

表 2-3 宁波市民宿政策、法规与标准

序号	发布时间	政　　策	文件编号
1	2015 年 4 月 24 日	宁波市人民政府《关于加快休闲旅游目的地建设的意见》	甬政发〔2015〕50 号
2	2015 年 4 月 27 日	宁波市人民政府办公厅印发《关于加快推进乡村旅游发展若干意见的通知》	甬政办发〔2015〕69 号
3	2015 年 8 月 1 日	《特色客栈等级划分规范》	DB3302/T 1066—2015
4	2015 年 9 月 22 日	宁波市人民政府发布《关于实施“提升城乡品质　建设美丽宁波”行动计划的指导意见》	甬政发〔2015〕106 号
5	2015 年 10 月 12 日	宁波市旅游局、财政局《关于印发〈宁波市乡村旅游项目补助实施细则〉的通知》	甬旅字〔2015〕111 号
6	2016 年 7 月 7 日	《关于 2016 年宁波市农家客栈（民宿）集聚村建设有关事项的通知》	甬农旅办〔2016〕4 号
7	2017 年 12 月 12 日	中共宁波市委、宁波市人民政府《关于推进全域旅游促进旅游业改革发展的若干意见》	甬党发〔2017〕64 号
8	2018 年 4 月 18 日	宁波市人民政府办公厅发布《关于加快民宿经济发展推进农旅文深度融合的意见》	甬政办发〔2018〕44 号

（四）宁波各区县市层面

2015 年至今，宁波市各区县（市）陆续制定并发布、实施了诸多支持民宿经济发展的相关政策，这里仅列举 42 个民宿相关政策文件（见表 2-4）。

表2-4　宁波各市县区旅游民宿政策

序号	区县（市）	政　　策	文件编号	政策要点
1	海曙	海曙区人民政府关于进一步促进旅游业发展的若干意见	海政办发〔2017〕138号	“鼓励乡村旅游发展”,“鼓励旅游企业争先创优”
		龙观乡2017年度旅游工作考核计分细则		“鼓励开发以‘民食、民宿、民游’为核心内容的特色农家乐、民宿客栈、赏花基地和采摘基地等乡村休闲旅游项目”
2	江北	宁波市江北区行政审批制度改革领导小组办公室《关于开展民宿客栈联合审批试点工作的通知》	北区审改办〔2015〕2号	“以满足民宿客栈经营者的需求为出发点,简化审批流程”,“创新审批方式,强化批后监管,规范民宿客栈管理”
		江北区《关于鼓励和扶持农家乐休闲旅游业发展的实施细则》	北区政农〔2015〕5号	(1)“对由村集体投资的利用现有闲置资源改造发展茶馆、民宿等经营性项目,投资总额在50万元以上,并做到村集体统一管理、统一营销和统一服务标准的,经立项、验收后,按实际投资额的40%进行以奖代补,区级补助最高不超过100万元”; (2)“新开办餐馆、茶馆、民宿要求具备相关证照”; (3)“新开办民宿要求在3间以上15间以下(不含15间),且必须做到‘七有’(有电视、有热水、有空调、有桌椅、有衣柜、有卫生间、有网络)。对房间内无独立卫浴间的普通间,区给予4 000元/间补助;对房间内有独立卫浴间的标准间,区给予6 000元/间补助;对于创意独特、风格突出、有特色、有亮点的休闲民宿,区再额外给予2 000元/间的补助”

续表

序号	区县（市）	政　　策	文件编号	政策要点
2	江北	江北区人民政府办公室关于印发《发展都市生态休闲农业建设美丽乡村的若干政策》的通知	北区政办发〔2015〕14号	“投资发展民宿、茶馆等项目并纳入统一管理的，区按投资额给予40%的补助”，“积极引导农户从事农家乐休闲旅游经营，经农旅办审核认定后，新增民宿客栈每间给予4 000 ~ 8 000元的补助”
		关于印发《江北区农家客栈（民宿）集聚村创建实施办法（试行）的通知》	北区政农〔2016〕10号	“农家客栈（民宿）集聚村创建村的确定由街道（镇）组织申报、区级审定、市级备案”，“经验收合格的农家客栈（民宿）集聚村，政府给予一定补助”
		宁波市江北区人民政府关于印发《宁波市江北区促进休闲旅游业发展若干政策》的通知	北区政发〔2017〕40号	“扶持民宿客栈开发建设。鼓励社会资本依托城镇和乡村合法建筑开发建设民宿客栈。一般民宿按照建设规模、装修格调分档给予每个客房4 000 ~ 8 000元的补助。经旅游等部门联合认定，属精品民宿的，给予每个客房2万元的补助。达到一定规模的书吧、茶室等配套服务场所（设施）每个给予1万元的补助。单个民宿项目最高补助不超过30万元。补助款分两期发放，正式营业后发放50%，满一年后继续营业的再发放50%”
		宁波市江北区人民政府《关于深化农旅融合、建设美丽乡村的若干政策》	北区政发〔2017〕31号	“鼓励社会工商资本和村集体合作发展精品民宿，经立项、验收后，对项目租赁费给予一定奖励，奖励额度为每年实际产生费用的50%，每年补助最高不超过50万元，连续扶持3年。对于社会工商资本参与投资，且带动示范效果明显的农家乐休闲旅游项目，奖补政策由区农家乐休闲旅游开发领导小组另行审定，实行‘一事一议’”

续表

序号	区县（市）	政　　策	文件编号	政策要点
2	江北	慈城镇乡村旅游开发政策		“鼓励社会工商资本投资农家乐、茶室及民宿等休闲旅游项目，对符合所在区域休闲旅游规划且建筑用地合法，且投资额在50万元以上的，经审定、验收通过，按照其实际投资额给予20%进行以奖代补，补助最高不超过50万元”
3	镇海	宁波市镇海区人民政府办公室印发《关于加快乡村旅游发展推动美丽乡村建设的实施意见》	镇政办发〔2015〕80号	(1)“到2018年，重点培育形成10个民宿发展示范点”； (2)“乡村民宿开发的补助。在乡村旅游重点镇(街道)、村发展乡村民宿，床位在10张以上的，或以行政村为单位且床位在50张以上的，由所在镇(街道)提出申请，并经认定给予每张床位1 000～2 000元的补助。获评区级及以上品牌民宿的给予一定的奖励”
		宁波市镇海区人民政府办公室印发《关于促进旅游业发展的扶持办法》的通知	镇政办发〔2016〕114号	“扶持民宿(客栈)发展。投资200万元以上的精品民宿(客栈)，可按其投资额的10%给予补助，单个项目补助不超过50万元；投资额1 000万元以上的精品民宿(客栈)，可给予旅游产业资金扶持”
		九龙湖镇2016—2018年度发展旅游民宿扶持办法		(1)“加大资金扶持。镇财政预算安排民宿发展扶持专项资金，用于普通民宿改造补助、中高端民宿优惠及奖励、国内外知名酒店或民宿管理集团在九龙湖镇开发经营特色民宿(直接投资在300万及以上规模)补助优惠、村级补助、星级评定奖励等”； (2)“简化审批程序”； (3)“加大用地供地”； (4)“九龙湖镇旅游民宿经营基本要求”，“星级划分评定细则”

续表

序号	区县（市）	政　　策	文件编号	政策要点
4	北仑	宁波市北仑区人民政府、宁波开发区管委会印发《关于北仑区（开发区）促进产业结构调整专项资金扶持政策》的通知	仑政〔2015〕38号	“鼓励民宿民居（农家乐）发展。经所在街道（镇）推荐并报旅游、农林部门审核同意，新开办的民宿民居（农家乐）经营户，达到客房3间且6个床位以上、消防设施齐全、生活污水和固体废弃物处理符合标准、有关证照齐全的，经认定后给予一次性2万元/户的启动建设补助。制订星级评定标准，根据评定结果给予每张床位1 000、2 000、3 000元的分级补助，最高不超过10万元。对新发展民宿民居（农家乐）经营户5～10户的行政村，按每户1万元给予村集体经济组织配套设施补助；10户以上的超过部分按每户1.5万元给予累计最高20万的配套设施补助。对社会资本投入乡村旅游、农家乐、古道休闲等旅游项目，当年投入金额200万元以上的，按照投入额5%给予20万元以内的补助”
		北仑区《关于发展民宿民居和乡村旅游经济资金补助的暂行实施办法》	仑商务〔2015〕42号	（1）北仑区民宿民居基本要求； （2）北仑区《民宿民居星级评定标准（试行）》
		宁波市北仑区人民政府办公室《关于规范民宿发展的指导意见》	仑政办〔2017〕108号	（1）“单栋房屋客房数不超过15间，建筑层数不超过4层，且总建筑面积不超过800平方米”； （2）符合民宿基本条件、消防要求、经营要求等

续表

序号	区县（市）	政策	文件编号	政策要点
4	北仑	宁波市北仑区人民政府办公室印发《关于加快推进休闲农业与乡村旅游发展实施意见》的通知	仑政办〔2017〕110号	(1)“培育3～5个特色民宿集群”,“重点培育精品特色民宿”; (2)“从2017年起至2020年,区财政每年安排专项资金,用于扶持乡村休闲项目建设和精品民宿(农家乐)发展,一是民宿补助,二是星级奖励,三是村级补助,四是精品乡村旅游项目补助,五是引进著名品牌民宿奖补,六是青年创客鼓励; (3)优化发展环境。区公安、消防、市场管理等相关部门在准入许可和经营许可的审批事项上要有所创新,重点解决经营许可、证照办理等方面的难点问题
		《关于春晓街道民居民宿星级提升的奖励办法》		资金补助
5	鄞州	横溪镇人民政府关于印发《横溪镇深化美丽乡村建设达标行动实施意见》的通知	横政〔2018〕35号	“产业转型提升,壮大特色优势产业,带动农民增收致富,特色农业、民居民宿、乡村旅游等产业融合发展”
		宁波市鄞州区人民政府办公室关于印发鄞州区特色民宿发展暂行办法的通知	鄞政办发〔2016〕86号	(1)“申报特色民宿必须具备相应条件,如20间(套)以下精致客房;房屋建筑应有土地证(无证的由当地乡镇出具权属证明),建筑楼层不超过3层,耐火等级低于二级的不超过2层”; (2)“扶持政策:按照《鄞州区特色民宿星级评定标准(试行)》,按差额标准奖励;星级特色民宿五年内上交税费可享受区可得部分返还待遇”

续表

序号	区县（市）	政　　策	文件编号	政策要点
6	奉化	奉化市人民政府办公室关于印发《民宿管理办法(试行)》的通知	奉政办发〔2015〕120号	(1)“申办审批:申办民宿必须满足相应条件,如具有有效的土地和房屋使用证明,单幢建筑面积不超过800 m^2 且楼层不超过4层等”; (2)奉化开设民宿各项安全标准及要求
		宁波溪口雪窦山风景名胜区管理委员会、溪口镇人民政府关于《加快旅游商贸业发展扶持政策》的通知	溪风管〔2016〕7号	“鼓励农民利用空闲房屋开办农家客栈,公安、消防、工商、卫生等部门应加大支持力度,经营满一年后的新开设农家客栈、农家乐,给予每个房间0.3万元的一次性奖励;对吸引大批游客入住农家乐的个人或单位给予最高2万元的一次性奖励”
		大堰镇人民政府《关于扶持民宿型农家乐特色村发展的暂行办法》	堰政〔2016〕30号	(1)“对招商引资进入大堰开设民宿型农家乐且投资额在500万元及以上的,享受一事一议政策,并在招商投资协议或合同上予以明确”; (2)“扶持内容和方法:设计装修补助(验收后,每户一次性2万元补助)、星级补助(大堰镇星级农家乐考核标准)、信贷扶持(享受最高不超过10万元的信贷基金)、补助要求及办法”
		宁波市奉化区人民政府《关于加快推进全域旅游发展的实施意见(试行)》	奉政发〔2017〕270号	“扶持旅游企业创优,新评为省钻石级、金宿级、银宿级民宿的,分别奖励20万元、15万元、10万元”

续表

序号	区县（市）	政　　策	文件编号	政策要点
7	余姚	关于《加快产业转型升级　促进经济平稳健康发展的若干政策意见》推进旅游业稳步发展政策的实施细则	余旅〔2015〕52号	“对符合发展导向的乡村旅游新建项目，且实际投资额在100万元（含）以上的项目，按实际投资额的10%给予不超过50万元的补助，如乡村民宿客栈（青年旅社、农家乐休闲旅游等项目）”
		余姚市人民政府关于印发《余姚市民宿管理办法（试行）》的通知	余政发〔2016〕30号	（1）“民宿客房规模在5间以上，30间以下（含）（民宿集群村可适当放宽）”； （2）余姚市开设民宿的安全标准及要求
		四明山区域实施乡村旅游、农林产业奖励办法	余区域办〔2016〕10号	“5间及以上客房的民宿奖励4 000元/房间，单个项目最多奖励10万元；鼓励发展新的民宿集聚区，对当年度新发展民宿经营农户达5户（含）以上且房间数在25间（含）以上，并设有游客服务中心、停车场、旅游厕所等旅游配套设施的行政村，一次性给予10万元的奖励”
8	慈溪	关于印发《浙东大农家评定标准》的通知	慈旅〔2016〕63号	慈溪市乡村民宿等级划分标准：普通民宿、高级民宿、精品民宿评定条件
		关于印发《慈溪市旅游产业专项扶持政策实施细则》的通知	慈旅〔2017〕46号	（1）“大力发展乡村民宿。乡村民宿营业后按照建设规模、装修格调、文化内涵等分三档予以奖励：普通民宿按照每间客房5 000元给予补助，高级民宿按照每间客房10 000元给予补助，精品民宿按照每间客房20 000元给予补助”； （2）“民宿补助款分两期发放，正式营业后发放50%，满一年后继续营业的再发放50%，单栋建筑享受补助客房总数不超过15间”

续表

序号	区县（市）	政　　策	文件编号	政策要点
9	宁海	宁海县人民政府办公室印发《加快推进乡村旅游发展若干意见》的通知	宁政办发〔2016〕18号	“至2018年，建成30家精品特色民宿（客栈），引进3家以上品牌管理企业。全县乡村旅游床位数达到6 000个，餐位数达到1万个”
		关于印发《宁海县乡村旅游专项资金使用管理办法》的通知	宁旅〔2016〕18号	（1）“利用农村房屋改造开发乡村民宿，当年度每个经营户改造配备5～20个标准间的，经验收合格经营满6个月按3 000元/标准间予以补助，其中市级6＋2地区和县级2＋1地区按4 000元/标准间予以补助，精品特色民宿按5 000元/标准间予以补助”； （2）“在乡村旅游重点镇（村），对流转闲置学校、祠堂、大礼堂等集体用房兴办乡村民宿的村集体予以奖励，流转房屋400～800平方米的奖励2万元，每增长400平方米，增加补助2万元，补助最高不超过10万元”
		宁海县人民政府办公室关于转发公安局《宁海县民宿（农家乐）治安消防管理暂行规定》的通知	宁政办发〔2017〕30号	（1）“民宿（农家乐）的规模为单栋房屋客房数量不超过15间、建筑层数不超过4层，且总建筑面积不超过800平方米，房屋不属于违法建筑并具备行业安全相关标准，同时还要符合本规定中的相关要求”； （2）“客房数量在10间以上的民宿（农家乐），应设立治安保卫组织，并配备足够数量的保安人员”； （3）“开设民宿（农家乐）应符合相应消防安全基本要求”

续表

序号	区县（市）	政策	文件编号	政策要点
9	宁海	关于印发《宁海县乡村旅游专项资金使用管理办法》的通知	宁旅〔2018〕16号	“鼓励利用农村房屋改造开发乡村民宿：利用农村房屋改造开发乡村民宿，当年度每个经营户改造配备5～15个标准间的，经验收合格经营满3个月按3 000元/标准间予以补助，其中市级6＋2地区和县级2＋1地区按4 000元/标准间予以补助，精品特色民宿按5 000元/标准间予以补助”； “在乡村旅游重点镇（村），对流转闲置学校、祠堂、大礼堂等集体用房兴办乡村民宿的村集体予以奖励，流转房屋400平方米以上的奖励2万元，每增加400平方米，追加补助2万元，补助最高不超过10万元。上述民宿、精品特色民宿、标准间的概念界定在验收标准中予以明确”； “民宿项目培育类申请材料：提供《宁海县农家乐（民宿）部门联合验收表》、营业执照复印件、法人身份证复印件、改造前后对比照片、内部功能布局照片”
10	象山	象山县人民政府办公室关于印发《象山县民宿管理办法（试行）》的通知	象政办发〔2017〕187号	（1）“经营规模为单栋房屋客房数不超过15间，建筑层数不超过4层，且联批联建不超过2户，总建筑面积不超过800平方米”； （2）符合特种行业许可、消防安全条件检查、卫生许可、食品经营许可、环境影响评价审批要求

续表

序号	区县（市）	政　　策	文件编号	政策要点
10	象山	象山县人民政府关于印发《象山县旅游产业扶持政策实施细则》的通知	象政发〔2017〕31号	“对评定为县级特色民宿的，按照3～5星等级标准分别给予10万元、15万元、20万元的补助。对引进国内外知名乡村度假品牌合作的，再给予10万元合作经费奖励”
		关于印发《金融支持旅游产业发展实施意见》的通知	象金办发〔2017〕10号	“以特色景区、特色乡村、特色民宿为重点，积极支持农家客栈规范提升和精品民宿开发建设”
		象山县人力资源和社会保障局服务国家全域旅游示范区创建的若干意见		“制定特色民宿创业贷款贴息政策，强化对特色民宿创业人员的精准扶持，通过设立担保基金和引入保险公司担保两种手段促进政策落地”
		涂茨镇旅游产业扶持政策实施细则		“对评定为县级特色民宿的，按照3～5星等级标准分别给予2万元、3万元、4万元补助”
		关于推进大徐镇现代农业和美丽乡村建设的实施意见（征求意见稿）	大镇委〔2017〕50号	（1）“大力发展乡村旅游，建设民宿民居、乡村农家乐等项目”； （2）“对评定为县级特色民宿的，按照3～5星等级标准分别给予10万元、15万元、20万元的补助。鼓励发展农家客栈，凡行政村建成农家客栈8户且床位在50张以上的，经县、镇两级组织验收合格的，予以2万元奖励。同时对该村的每户农家客栈（取得营业执照后）进行补助，标准房补助2 000元/间，非标准间补助1 000元/间”

续表

序号	区县（市）	政　　策	文件编号	政策要点
10	象山	关于加快定塘镇乡村旅游发展的若干意见	象定政〔2017〕66 号	“对评定为县级特色民宿的，在县里按照3～5 星等级标准分别给予10 万、15 万、20 万元的补助基础上，镇再分别补助 3 万元、5 万元、8 万元。对引进国内外知名乡村度假品牌合作的，在县给予 10 万元合作经费奖励基础上，镇再给予5 万元合作经费奖励”
		《民宿（农家客栈）规范整治专项行动方案》	象旅〔2018〕29 号	“专项规范整治对象为未办理相关证照但已实际用于游客住宿接待的民宿（农家乐），通过建筑物合法性审查，规范消防、环保、卫生、安全等设施，使实际用于游客住宿接待的民宿（农家乐）具备办证条件，并及时办理相关证照”
11	东钱湖	关于印发《宁波东钱湖旅游度假区民宿管理办法（试行）》的通知	甬东旅政发〔2017〕1 号	（1）“民宿规模，单栋房屋客房数不超过 20 间，建筑层数不超过 4 层且总建筑面积不超过 1 000 平方米”； （2）申办民宿必须提供相关材料、符合相关条件

续表

序号	区县（市）	政　策	文件编号	政策要点
11	东钱湖	印发《关于进一步发展东钱湖国家旅游度假区休闲旅游产业的若干意见》的通知	甬东旅政发〔2017〕27号	“培育精品民宿”： (1)“鼓励引进品牌民宿,对主体鲜明、国内外有一定影响力的知名民宿或品牌经营的民宿,且在年内营业的,一次性奖励10万元”； (2)“鼓励东钱湖籍企业家、大学生、退伍军人、长期在外务工的村民返乡发展并经营民宿。低于当年新发展的返乡创业民宿经营户,单户接待规模达到12间客房(含)以上或者18张床位数(含)以上,主体鲜明且常态化经营的,一次性给予每张床位2 000元的补助,单户最高不超过10万元”； (3)“鼓励发展等级特色民俗客栈”； (4)“鼓励发展特色民宿集聚区,总客房数在50间(含)以上,单个集聚区最高奖励不超过30万元”
12	杭州湾新区	印发《〈关于进一步支持城乡统筹发展工作若干意见(暂行)〉有关项目的实施办法》的通知	甬新党办发〔2017〕44号	“大力开展乡村旅游业招商引资,重点引进精品民宿(按宁波市级标准打造)、乡村酒店等项目。对于投资额100万(含)~500万元且达到旅游接待标准的项目,按其投资额的5%给予补助;500万(含)以上的按其投资额的10%给予补助,补助总额最高不超过200万元,以上两项补助资金区镇财政按照1∶1比例承担。对特别重大的项目,给予‘一事一议’”

二、民宿政策、法规与标准的促进作用

民宿经济发展当前已成为乡村振兴、乡村旅游转型升级、旅游扶贫、美丽乡村建设的重要支撑与内容，而民宿政策、法规和标准对民宿产业健康、有序、持续性发展有着重要的促进作用。

（一）国家政策出台与政府鼓励，促进了民宿的合法化发展

政府部门鼓励并通过财政、土地、税收、金融贷款优惠等扶持方式支持居民利用自有住宅或其他经营主体租赁农户住宅或闲置的村集体用房、农林场房开办民宿，并清晰界定了民宿的定义、性质与范围。

（1）宁波市人民政府办公厅印发《关于加快推进乡村旅游发展若干意见的通知》（甬政办发〔2015〕69 号）提出：

①“加强组织保障、加强资金扶持、加大用地供地、加快人才培养、优化发展环境等五项保障措施”；

②“加强资金扶持……对通过验收评定的等级客栈等乡村旅游新型业态项目给予 5 万～50 万元的补助。对农业、旅游等专业公司投资开发乡村民宿且新增床位在 10 张以上，或以行政村为单位整体新增民宿床位在 50 张以上的，给予每张床位 1 000～2 000 元的补助”；

（2）宁波市旅游局、财政局《关于印发〈宁波市乡村旅游项目补助实施细则〉的通知》（甬旅字〔2015〕111 号）提出，“农业、旅游等专业公司投资开发且床位在 10 张以上的正式开业的乡村民宿，或以行政村为单位整体开发且床位在 50 张以上的乡村民宿，并经市旅游局认定，按照每张床位 1 000～2 000 元进行补助，其中特色民宿每张床位补助 2 000 元，其他民宿每张床位补助 1 000 元，单个项目最多补助 30 万元”。

（二）相关管理规范与标准出台，促进了民宿的规范化发展

市政府及各区县市出台的民宿政策、法规与管理办法明确了民宿的申报条件、程序、消防、建筑、安全、卫生标准、经营要求等。如宁波市人民政府办公厅《关于加快民宿经济发展推进农旅文深度融合的意见》（甬政办发〔2018〕44 号），提出要以相关法规、政策和规划为依据，强调要明确禁止、限制、适度开发和开放发展的不同区域范围，对民宿经济发展进行规划规范。

如创新民宿业审批办证，对民宿集聚区，推行“村 + 农户”打包办证法，允许将特种行业许可证办到村，由村统一组织申办证照，落实村和户的主体责任；在落实用地政策上，既严守耕地保护红线，又允许试点探索；实行地方税收部分优惠政策，对建设民宿经济典范项目的经营单位，前三年其上缴地方税收部分，可以奖补给经营单位支持其发展。

（三）科学规划与合理布局引导，促进了民宿的集聚化发展

各项政策表示，要客观评估民宿建设的合适地区和集聚区，根据周边旅游资源、旅游公共服务设施的条件，引导有特色的民宿集聚发展，保留乡土景观、延续乡村生活，注重民宿“主人情怀”，提升民宿服务软实力，避免因短期投资行为而造成资源浪费和经营失败。如《关于 2016 年宁波市农家客栈（民宿）集聚村建设有关事项的通知》（甬农旅办〔2016〕4 号）提出，要“明确市级财政专项资金重点扶持对象、农家客栈（民宿）集聚村创建指标和建设标准、建设与项目资金使用、创建村的指导、验收与监管”。

（四）民宿等级评定与星级划分，促进了民宿的标准化发展

推广民宿经营标准化、规划化经营，需要行业自律和政府监管，也在一定程度上促进民宿经营服务质量提升。根据白金宿、金宿、银宿评定标准，全市目前已有 12 家民宿被授予等级民宿称号，这些等级民宿为宁波民宿行业起到了示范引领作用。

第三章

2019 宁波民宿产业发展对策与趋势展望

一、制约因素

（一）政策执行与民宿身份的制约

政策落地执行慢。政府颁布了诸多鼓励民宿产业发展的相关政策与措施，而在实际操作过程中存在着招商与管理“两张皮”的现象，招商部门在招商过程中承诺过多，而管理部门在政策执行与落地方面存在着承诺兑现太少，部分政策与资金得不到有效落实，导致了业主在民宿经营的过程中处处受到掣肘。

民宿办证审批难。由于消防、排污、卫生、安全等各方面的严格规定,民宿的经营必须具备工商营业执照、卫生许可证、消防意见书、特种行业经营许可证、环保审批等五证齐全。由于安全底线、生态、土地红线以及文化紫线等方面的要求与限制,民宿“身份证”存在一证难求的现象,民宿办证难的问题在一定程度上挫伤了民宿业主及投资商的积极性。

(二)管理模式与人才短缺的瓶颈

管理模式粗放。从管理与运营角度而言,基于成本压力、管理思维、管理能力、文化素质等多方面的限制,宁波的民宿仍然以粗放的传统的“家庭式”管理为主,仍然处在“草创”阶段,在精准营销、个性化产品打造、“老板娘”文化创造、游客情感互动等方面存在明显不足。

民宿人才短缺。由于宁波的民宿多为乡村民宿,多处于距离都市区相对较远的景区、村落、古镇等地,相对星级酒店而言,民宿员工薪酬不高,工作强度不小,地处偏僻,职业上升天花板明显,业余生活单调,宁波民宿难留人、留人难的现象非常突出,民宿在经营管理方面的人才极其匮乏。

(三)市场竞争与产品同质的影响

市场竞争激烈。宁波市民宿产业尚处于初级阶段,产品形式较多但不成规模,活动内容较少,而且营销活动单一,整体竞争力不强;而且随着政策的鼓励,宁波民宿存在着随波逐流式、跟风式的投资,过度投资的潜在风险,加剧了民宿市场的竞争。

产品同质严重。近年来,宁波民宿发展高歌猛进,市场上陆续出现了包括民国风、田园风、工业风、禅意风、海洋风等在内的精品风格民宿。虽然在风格上多有不同,但是在民宿配套产品开发、民宿体验式活动设计、民宿主客互动等方面均存在严重缺陷,民宿在经营过程中存在着产品同质、活动相似、内容相同等同质化现象。

（四）社区配合与居民支持的不足

社区缺乏必要支持。乡镇政府及村委会对民宿发展秉承支持态度，但是在民宿投资与经营的过程中涉及的土地、房屋拆迁、道路修建、改造以及基础设施配套等方面持观望、拖延甚至躲避态度，乡镇政府以及地方村委会对于民宿发展缺乏必要担当。

居民缺乏必要配合。基于居民文化素质、知识水平、能力条件等方面的限制，其民宿的参与度以及旅游受益情况不一。居民心理失衡、日常生活受到干扰、环境保护压力增大、生活成本明显增加等诸多方面的因素影响，使居民对民宿发展呈现褒贬不一的态度，支持者有之，不配合者及反对者的杂音也广泛存在。

二、发展对策

（一）知行合一，让民宿政策落地生根

发挥政府顶层设计的宏观指导功能，让民宿趋于一个合理的竞争范围之内，防止民宿投资过多、过快；以民宿集聚区、产业融合示范区、美丽田园景观区建设为抓手，推进农旅文深度融合和民宿经济集聚化、品牌化、智慧化、规范化发展，构建产业发展新格局；强化政策的执行与落地，让民宿的税收、土地、资金优惠及奖励政策落地生根，开花结果；结合最多“跑一次”改革，建设民宿服务中心，优化民宿办证流程，简化民宿办证手续，减少民宿开业的时间成本，加快为民宿颁发“出生证”“身份证”；结合乡村振兴战略，加大政府对民宿产业扶持、业主培训、技术输入，增强民宿造血功能。

（二）聚沙成塔，让行业协会发挥作用

以宁波民宿协会为平台，通过下情上达、上情下达的双向信息传递与互动，发

挥民宿“中间人”的纽带作用，搭建情感互动桥梁。定期举办民宿业主教育培训，积极调动民宿业主的创新意识和经营积极性，促进民宿业主之间的有效互动，营造行业发展的良好氛围。通过民宿培训、考察、学习等非政府组织活动，加强成员之间的交流与合作，实现经验和信息的沟通与分享；加强行业自律与规范，促进民宿市场良性竞争，提高行业整体素质，维护市场秩序；聚沙成塔，凝聚民宿信心与力量，发挥“1+1>2”的合力效果，促进民宿扶持政策全面落地，增加行业协会社会影响力。

（三）特色为魂，让民宿拥有独特的IP

要进一步完善民宿特色，树立以生态环境、地域文化、民宿风格、特色餐饮、“老板娘”文化等不同特色化的民宿IP；根据游客群体不同、消费动机差异、消费目标和消费能力不同，在民宿环境设计、产品供给与服务提供上给予不同的特色包装；加强民宿“老板娘”文化建设，注重民宿情感注入与情感互动；加强民宿周边环境与基础设施的组合配套，优化产品与线路组织，增加民宿活动的多样性，促进游客体验；提升民宿经营水平与管理水平，强化基于互联网的精准营销与私人定制化营销，挖掘个性化的产品谱系；组建民宿合作联盟，在人才招聘、信息分享、产品组合、市场营销方面降低经营成本，共同应对风险。

（四）与民同乐，让社区参与全面支持

出台相关政策规定，明确地方乡镇政府的主体责任，促进地方乡镇对民宿发展的支持与配合；基于旅游风情小镇、乡村全域旅游示范区建设等，加强民宿周边基础设施及环境配套，完善旅游公共服务体系，改善营商环境；加强居民参与，通过土地、房屋、宅基地等形式入股，优化居民旅游参与与受益模式，调动居民参与民宿、支持民宿的积极性；基于乡村振兴战略，加强居民培育，强化社区自治，构建政府引导、企业参与、居民主动、社会监管等多方面参与的社区治理模式，全面优化民宿经营的社会与社区环境。

三、趋势展望

（一）竞争趋于激烈

2015—2018 年，宁波共出台 10 项民宿发展新政，至 2018 年，宁波现有民宿 1 180家，在建民宿 94 家，总体数量仍然呈上升趋势。在利好政策的推动下，民宿发展跟风式投资的惯性将持续。从当前市场反应来看，宁波民宿的盈利呈现两极分化，盈利者少，保本者多，亏本者有之。而随着客源市场成熟及市场规模饱和，民宿的竞争将更加激烈，宁波民宿市场将面临着重新洗牌。

（二）监管趋于规范

从宏观政策而言，民宿是乡村振兴、美丽乡村建设的重要支撑点，从国家政策层面鼓励民宿产业经济发展将会一如既往。从地方政策而言，基于市场饱和与市场恶性竞争的现状，出台行业相关标准，提高民宿入行标准将会提上日程。另一方面作为非标准住宿行业，虽然鼓励个性化发展，但是基于民宿安全隐患、消防、楼层结构、食品安全、卫生环境等方面考虑，其建设标准将会更加规范与严格。

（三）投资趋于规模

将民宿作为乡村经济的新兴业态来培育已经不再新鲜，基于产品雷同与市场竞争压力，民宿产品提升、业态更新与产业转型将是一个新的命题。传统家庭作坊式民宿已经无法满足投资市场的要求，而随着产品转型升级，新一代、多功能、复合型、生活化的大型民宿村落聚集区、民宿度假庄园等产品将成为新宠，未来民宿投资规模将会日益增大。

（四）运营趋于连锁

随着民宿经营市场的分化，以柿子红了・老柿林山居、柿子红了・海防巢营、柿子红了·官驿湖居、乡叙·王干山、乡叙·樟溪谷等为代表的民宿品牌出现，宁波的民宿呈现品牌连锁化、本土民宿品牌化趋势；而另一方面，基于品牌输出、利用与资源整合需要，未来以班马家民宿为代表的外地民宿经营集团将强势进驻宁波，宁波民宿的轻资产运营趋势非常明显。从未来发展而言，宁波民宿产业将呈现本土品牌化输出与外地品牌化输入同时并存态势。

（五）需求趋于多元

80 后、90 后已成为旅游消费新主体，00 后也将逐步走向舞台中央，“生活式激发、多元式决策、智能式前行、分享式评价”等消费特征，将倒逼着宁波民宿产品植入更多的主题元素，来吸引更加多元化的消费客群。环境、硬件与服务决定着宁波民宿的下限，而多产品提供、多功能附加、定制化服务、配套化完善等方面内容将决定宁波民宿的上限，产品、内容、情感、服务与体验多元组合将是宁波民宿未来的制胜之道。

第四章 宁波民宿产业案例与实践

一、宁波精品民宿案例与实践

（一）白金宿

1. 龙观禅那简介

龙观禅那地处素有天然氧吧之称的四明山峦的龙观腹地。位于具有数百年历史的老南坑村庄的最深处，碧水青山，茂林修竹，民风淳朴，四季皆景。号称全市负氧离子最佳之地。禅那在2017年10月加入了全球心赏美宿环球联盟组织，并于2017年12月荣获了市旅游发展委员会颁发的“宁波十佳特色民宿”，还同时荣获了由宁波市旅游局及妇联颁发的“2017宁波最美民宿女主人”两项大奖。

2018 年 1 月荣获了浙江省首批也是宁波地区目前唯一的白金级民宿，2018 年 3 月荣获由浙江省旅游总评榜颁发的“2017 年度游客喜爱的民宿”之一。2018 年 7 月荣获“中国最佳民宿”（全国仅 12 家）。

2. 龙观禅那的特色

环境优势。龙观禅那地处素有天然氧吧之称的龙观乡四明山峦的龙观腹地。位于具有数百年历史的龙观乡老南坑村庄的最深处，民风淳朴，四季皆景。流经禅那门前的清源溪富含多种矿物质元素。是很多人期望已久的梦想去处，更是疗愈身心的世外桃源。

主人文化。禅那的女主人戴如希丹是一个来自龙观山里的女孩，从事甬剧表演艺术多年，曾获得多项省市级表演大奖。怀着对家乡的眷恋与感恩，面对诸多的质疑与困难，通过自己的努力，尝试注入文化让自己的家乡变得更美更好。龙观禅那绝非只是一个商业民宿的兴建，而是倾注了主人对生活善意之美的感悟，对民族文化的感情的沉浸，更是对现代人生活方式体验的文化转化平台的搭建。

特色经营。为了更好地传承地方文化，使甬剧这个地方文化深深扎根于禅那，在溪上舞台上不定期由禅那的女主人为大家亲自现场教学，让更多的戏曲爱好者在这里有一个很好的平台，在业余时间可以学习戏曲、甬剧、越剧表演等，既丰富了他们的业余生活，又很好地传播了中国传统艺术及宁波地方文化。

示范带动。禅那女主人怀着对家乡的热情，花了三年时间，在如临仙境的四明山脉，建造了这间禅意的美学庭院。为了更好地为乡域妇女群众提供活动场地及培训服务，龙观乡政府在禅那设立"最美女主人"培训基地，旨在当地积极开展创业创新巾帼行动，着力提升创业创新能力，一方面为当地农家乐老板娘、民宿女管家、双学双比女能手等提供素质提升培训、创业就业指导、女性礼仪课堂，一方面为当地的闲置劳动力提供各类手工艺的教学讲座、艺术插花学习等。

活动体验。禅那在当地设立了自己的农业示范基地，食原餐厅的食材绝大多数采于自己的基地，纯绿色，无污染，将食物最原本的味道呈现给每一位客人。除此以外，禅那有自己的地下酒窖，自己的水蜜桃果园，来这里的客人除了可以品尝到禅那的特色产品以外，还可以享受到休闲农业带来的自己动手采摘的乐趣，增强了客人的体验感。

3. 龙观禅那的运营经验

标准化服务保障民宿有序运营。民宿本质是住宿酒店业，作为服务业，建立一套标准流程化的服务极为重要，这能为有序运营提供保障。民宿运营的标准首要是安全管理，包含社会治安、消防安全、突发状况应急措施等。其次是日常卫生管理，民宿运营方应建立各项卫生执行要求及标准。再次是入住流程管理，运营方应对预订、入住、就餐、离店等服务节点制定标准化的服务要求。在缺乏经验的前提下，订立各项标准，做好岗前培训非常关键。

以个性特色服务为民宿赋予温度。个性化是民宿品牌的核心要素，民宿应摆脱星级酒店或快捷酒店千店一面的工业化标准，在保障有序运营的基础上，为消费者提供个性化、有情感和温度的服务。富有情调的空间场景布置，民宿人员的品质服务，还有就是特色配套服务提供。民宿根据自身的核心定位提供特色的服务项目，不一定面面俱到，但一定特色鲜明。个性与标准两者之间矛盾的协调是成就民宿的关键性要素。单纯依赖员工自发性的个性化服务，不利于服务的执行和管理，难以确保服务的持久和品质。因此，把个性特色服务标准化、流程化是保证民宿服务品质的重要途径，并且，在服务标准化的过程中，也成就了民宿的标签与品牌。标准的个性化服务在民宿品牌的连锁经营中显得尤为重要。

让情怀落地，打造一个"诗和远方"的民宿。近几年来，民宿成为一种新的度假方式，一种诗意的生活打开方式。于是更多的消费者告别了传统的商务酒店，选择了民宿。这就对民宿经营者提出了更高的要求，民宿主单单有情怀是不够的，需要将自己的满满情怀完美落地，让客人真正体验到价值大于价格，重拾内心的安宁，体味朴素的情感。做民宿，不仅仅是在经营一家民宿，而是要传递一种生活方式给来到这里的所有人。让更多来到民宿的客人都能够在这里被平凡的喜悦所打动，逐渐了解到民宿的意义，把生活还给风景，把日子过成诗，都可以在这里找到一个不想离开的理由。

4. 龙观禅那的经营感悟

民宿是一种情怀。民宿已不是一份简单的生意，是民宿主人对生活的一种延展，更是一种情怀，这种情怀有关童年记忆、率真回归、原生态向往。民宿的诞生引起了都市人群的内心共鸣。它也是一种生活状态的营造，这种生活状态需要民宿主人和住客的共同营造。

民宿是一种遇见。“为一张床，赴一座城”，是人们现在出行的目的，旅行的深度，决定了回味的长度，在民宿以雨后春笋般迅速增长的今天，保持自己的特色，将是未来民宿的立足之本。希望来到禅那的每个人，在这青山绿水间，都能遇见更好的自己。

（二）金宿

1. 慈舍美学民宿

(1) 慈舍美学民宿简介

慈舍，隐于慈城古县城。原为民国服装大亨任士刚故居，一座三进式老宅院，石木结构，白墙黑瓦。“一花一叶”中，您可享用好茶，挑选喜爱的棉麻服饰、茶叶器皿。“一箪”里，一杯咖啡、一盘小吃、一桌菜肴，再泡上一壶野生茶，佐上茶点。“三间堂”里，老匾依旧，东方席地而居的生活方式与尺度中保留的仪式感在此延续。时有雅集、课堂在此举办。慈舍共有客房九间，皆秉承“慈悲喜舍”之理念，古朴、极简。老木家具、草木灰墙、棉麻竹席的点缀，留白之处无声胜有声。这里有属于中华的娱乐，属于东方的项目，入住客人即可体验日常插花、品香、华弓、抄经等活动项目。

(2)慈舍美学民宿的特色

应运而生，浑然天成。“慈舍”位于慈城古城之东、慈湖之畔，太湖古巷。慈城系江南地区保存最完整的千年古县城，中国民族优秀建筑文化遗产名镇和旅游目的地。

行宋式极简之美学。经过东方美学精心而古朴的设计改造，尽可能保留它原有的结构与气场，每个空间都秉承慈舍“慈悲喜舍”的精神理念，古朴、极简。老木搭建的家具、草木灰粉刷的墙、棉麻竹席的点缀，留白之处无声胜有声。行宋式极简之美学，布无事之美，留无声之胜。

贩卖东方生活体验。慈舍除了有客房九间，更贩卖一种东方的生活方式，有雅铺一间，咖吧一间，禅堂一间，在“宿”与“聚”的空间中，贯彻“禅”“茶”“物”的美学精神。宋时有四事，焚香点茶、挂画插花，除却于此，禅坐冥想，张弓览高。至慈舍，以行修来改变生活，用文化来放慢脚步。

民宿不止于宿。除传统住宿，慈舍不间断策划开展“弘扬传统文化、展现东方美学、过好传统佳节”为主题的活动，也分享雅物开发慈舍文创产品，融入了现代生活，也拥抱着美好的传统。

(3)慈舍美学民宿的运营经验

差异化与标准化兼顾。民宿经营要差异化,但某些方面一定要定标准、流程化。比如慈舍建立了不低于星级酒店各类标准,例如服务的标准、安全的标准、卫生的标准、硬件配置的标准、预订流程的标准及员工管理制度慈舍家人手册等。

要注重员工综合素质的培养。做好员工技能培训和美学修养培养。走出去与引进来相结合,为员工创造学习提升的机会和环境。

民宿 +“产品”概念的打造。民宿不能只局限于“住”这个功能，产品需要多元化。慈舍自创建之初就有明确的运营定位：“禅”“茶”“宿”“物”“聚”。合理配置资源，各产品相互促进的同时，将慈舍本身打造成为有强大吸引力的旅游目的地。

注重品牌包装及宣传推广。运营有自己的公众账号，并有专人负责。除了那些常规的推广方式，更注重口碑营销。慈舍提供温馨的服务，重视在客户到店后的各种体验，与客户建立良好的关系。除此以外，慈舍还参加各种民宿展会、论坛，组织多场民宿专业沙龙，与业界同行分享民宿投资运营方面的心得。

(4)慈舍美学民宿的经营感悟

慈舍自 2016 年 8 月底开业经营的两年多时间里，注重品牌建设，成功注册“慈舍”品牌。在设计、制度建设、人才培养、营销服务、文化创意与传统活动等方面下足功夫,已逐渐取得成效。

接下来,慈舍将在品质精品化、业态多元化、经营连锁化、管理规范化、运营专业化上下功夫,路漫漫其修远兮,我们将在民宿品牌化发展的道路继续抵砺奋进。

2. 饮海三湾民宿

(1)饮海三湾民宿简介

饮海三湾民宿座落于石浦渔港中路的半山腰上,背靠山,面朝海,南临石浦渔港古城,俯视整个石浦母亲港,饮海代表着海边长大的石浦人有着宽大包容、海纳百川的胸怀,三湾这条路则是以前的象石古道,边上有座象山文物保护的三湾路廊，早时是延昌和昌国等地到石浦交易的商人必经之路。儿时曾见过成群的海豚从铜瓦门游来，鱼师庙前“拜”过，后慢慢由于机械化过度捕捞，以及海洋污染，海豚消失了，儒雅的民宿主人，期待着海豚再一次跳跃在海天之间的盛景，共圆海豚梦。民宿在 2018 年 1 月被浙江旅游局民宿评定管理委员会评定为“金宿级民宿”。

（2）饮海三湾民宿的运营经验

请专业设计团队打造精品民宿，树立象山标杆。以海文化为主题，带动当地海洋及农副产品，如红美人、枇杷、梭子蟹等，带动周边自用住房开发民宿。饮海三湾追求达到舒适、温馨、特色的个性化服务等，这也是提升精品民宿主要方向，体现品牌的价值，要不雷同，求创新。

把民宿单一的住宿变成一条线。主人亲手教客人制作手工鱼丸、鱼糍面、腌制咸包蟹，带领客人游艇休闲捕鱼、景区解说等，增加民宿客人的体验性、趣味性。

提供多样化产品。饮海三湾民宿是独立单栋别墅式的海景民宿，共有 7 间不同风格主题的房间，如日式榻榻米、海景房等，为进一步开拓民宿的体验性与配套设施，饮海三湾二期开发已在策划之中。

注重口碑与网络营销。民宿自经营一年多以来，客源不断增加，主要来自于绍兴、杭州、上海、江苏等地，发现江苏来的客人比去年同期明显增加，客源主要来自微信朋友圈、朋友介绍、网络平台。

（3）饮海三湾民宿的经验感悟

优质的自然人文环境、资源和人才是民宿经营的关键因素，随着乡村旅游开发的逐渐深入，优质资源越来越少，同时由于规模小淡旺季明显，缺少文化生活，缺乏规范管理等原因，行业人才流失率居高不下，直接影响民宿服务品质，制约民宿持续发展，行业竞争日趋激烈。

民宿必须主题明确，结合当地特色要有故事，有文化底蕴，主人有情怀，有温度。

区域配套设施必须到位，内部装修要求达到舒适、温馨，特色的个性化服务等是提升精品民宿的主要方向，要体现品牌的价值，不雷同，求创新。

（三）银宿

1. 漫休谷度假山庄

(1)漫休谷度假山庄简介

漫休谷度假山庄坐落于溪口东坑村，古木参天的原始森林环绕，一幢幢小木屋隐匿在层层叠叠的绿衣之中，留下纯粹的秀丽和神秘，“久在樊笼里，复得返自然”来形容在适合不过。如果你是“民宿控”、“木屋控”，这漫漫时光，等你来邂逅。

（2）漫休谷度假山庄的特色

山水相辅的元素搭配；

山间田园的乡土风情；

风格独特的建造设计；

回味无穷的私房小菜；

得天独厚的自然环境。

(3)漫休谷度假山庄的运营经验

标准化服务保障民宿有条不紊运营；

服务体现品质，细心提升温度，打造个性化民宿；

民宿线上线下各渠道的推广和维护；

民宿人员稳定性发展。

(4)漫休谷度假山庄的经验感悟

民宿,之所以越来越热,是因为都市人们宿于乡村、隐于田园、归于慢生活的诉求和情怀越来越浓。基于工业化和城市节奏,致使民宿这种人文情怀愈加浓烈。于是,乡村民宿自然成为了这种情怀的良好寄托。乡村民宿,不仅在于原风貌的建筑、原汁味的食宿,更多的内涵应体现在纯粹性的情景交融和多样化的生活体验,在体验中,在交融中,让人们的身心有一个如愿以偿的归宿。所以我们也要不断提高自身的高度,用心打造有温度高品质民宿。

2. 楠山南民宿

楠山南民宿位于依山而建的南岭村中,一个有一百多年历史的破败院落改造而成。是一个古朴与现代相融合的,集住宿、茶室、书吧、餐厅、会议厅等多功用于一体的两层楼木结构的独立四合院。四合院一楼全部为公共休闲区域,二楼有八个客房。动静分区,私密性极强,是喧嚣过后的宁静之处,是纷繁之外的洗尘胜地。

浓浓的乡情随着门口的石子路源源流淌，暖暖的蜜意，温情脉脉地随四合院里的原木香味伴随左右，好一副闲情雅致。让人陶醉，真可谓：采菊东篱下，悠然见南山。南山有民宿，楠山南来住。

3. 南与舍

(1)南与舍简介

宁海县桑洲南与舍(南山驿)位于桑洲屿南岗南山章村,创建于2015年9月,开业于2016年4月,现占地面积约1 222平方米,建筑面积约780平方米。内设住宿区:15个客房;餐饮区:吧台、客座;休闲区,劳作区,体验区。两年多来,相继被评为"全国巾帼示范农家乐""银宿""省十佳优秀民宿""宁波市最佳民宿女主人""宁波市巾帼创业示范点""宁海县农旅实践基地",连续两年被评为县级先进个人,同时南山驿成为当下影视拍摄基地。

(2)南与舍的特色

建筑风格的古朴、优雅。把几百年的历史建筑进行外观修缮,内部装修赋予了新的功能,让人文历史重复生机,拒绝创意的仿古技术来篡改基本性,使现代建造手法与传统建筑展开了一次由对接冲撞形成的历史性对比,并最大程度地、创造性地实现民宿一房一景、一间一文化的本质和价值。突显出钢、木、竹、石的有机融洽,古朴与现代的无缝对接的独特建筑风格。

宾至如归的家的情怀。民宿姓民,既要为民惠民,也要有热情、真情、富有特质内涵的主人。南与舍(南山驿)民宿是以家的情怀为特色,体现了自然、人文、艺术融为一体的主体风格。太祖母的三寸金莲绣鞋,祖辈孩童时的肚兜,都作为展示内容而呈现在民宿家庭博物馆内。主人是一名退休的人民教师,热情、善良、优雅,会讲故事,并大胆地把教育文化融入民宿。开设南山讲堂,传承当地的习俗文化,开展多层次的亲子游学活动。与客人一起做土烧酒、学做非遗的虎头鞋,致力于为客人创造充满体验性的居住环境,产生回家般的温暖。

体验式的运营模式。我们的承诺是:"与自然更亲近,让体验更完美。"带着这种承诺,我们将对自身的内涵与外延的运营进行创新。内部打造上,提供多样的亲子体验场地和各种工具器械,外部打造以本土村民的土地、山林、竹林、溪流为基础，开辟各种体验场所，对各种民宿产品进行创新，以满足客人不断提高的体验性消费需求。

打造独特模式的乡村文化示范点。创立亲子木工房、购置天文观察器械、开展农旅亲子活动、建立党建课堂、组织游客学习培训、上党课等活动，开展各种特色能力赛事，提高游客、村民整体素养。结合农村振兴乡村建设，投入文化礼堂建设，以南山生活馆的形式，把当地文化融入民宿建设当中，把教育文化与民宿的运营有机地融为一体。

(3)南与舍的运营经验

在管理项目中，深知主人是民宿的灵魂、核心力量。由婆媳的双人组合突显新与老，传统与时尚融为一体的管理模式。

让民宿本身由内到外承载着家族、村族、人文的记忆。

在服务的项目中，从细微处见精神，精致的物品摆放，有礼有节的服务态度，问寒问暖的贴心关怀。

细品精讲的人文故事，处处体现了南与舍（南山驿）民宿这种特有的情怀与风格。这样品牌的建设也就巧妙地找到了守护与创新的平衡，就有了南与舍的品牌。

(4)南与舍的经验感悟

着眼于大自然的体验式个性的重要元素；

致力于为顾客创造充满体验式的居住环境；

凸显自己特有的个性与内涵。

4. 乡叙 · 王干山民宿

(1)乡叙 · 王干山民宿简介

乡叙 · 王干山位于一座濒临东海的小山之上，由两栋民房改造而成的民宿，上下两栋楼，共九个房间。中间是一个大院子，可以举办各种露天活动。院子上方是依着山势搭建出的一个公共空间，供客人吃饭、喝茶、畅聊人生。房屋的内外设计都尽力还原乡村本来的风貌。竹篱笆、木楼梯、略微泛黄的水磨地面、老木头搭建的横梁、蜡染青花布，以及随处可见的竹篮、斗笠、水缸，每一样都能唤起人们心底对乡村的回忆。而精致的茶具香器、柔软舒适的寝具、源自法国的洗漱用品，则是希望为住客提供无可挑剔的居住感受。

(2)乡叙 · 王干山的特色

东海日出。独特的地理位置造就了“观东海日出，看沧海桑田”的壮阔景象，这一日出景观曾被央视报道，自此为许多游客所喜爱。

海鲜宴。越溪地处东海之滨，种类繁多的小海鲜，造就了越溪独特的海鲜大宴。

乡村风貌。民宿的建筑结构及装修方式沿用了古典乡村民居的建筑风格，又参考现代庭院式建筑风格，完美地融入当地乡村建筑群，形成了独具自身特色的民俗风味，使住客在体验乡村风情的同时，又有良好的住宿体验。

历史文化积淀。越溪历史悠久，民宿周边既有立寺千年的油盐寺，又有明代抗倭遗迹烽火台，不禁感慨沧海桑田，光阴荏苒。

(3)乡叙·王干山的运营经验

利用在地资源。在运营过程中，依托当地丰富的文化资源及自然景观资源，在企业发展过程中，带动当地村民的就业及增收。

加强品牌建设。在民宿产业蓬勃发展的今天，品牌建设尤为重要，在广大客户群体中有一个良好的口碑，给住客提供良好的住宿体验，进一步提升品牌影响力。

加大员工培训力度。住客的住宿体验相当一部分体现在民宿的服务上，加强员工培训，提升服务品质，给游客一个良好的住宿服务体验，进一步提升民宿品质。

(4)乡叙·王干山的经验感悟

乡叙品牌作为宁波市首家本土的高端民宿品牌,它的品牌内涵为:"游者有心,看客有意,来于乡间,聚于民宿,茶余饭后,品谈民风,赏景言欢,洗涤风尘,回归自然,重拾乡趣"。以此为内核,"乡叙"意在打造宁波高端精品民宿,以乡村美景美食、民风民俗和传统文化为根基,打造适合旅居度假休闲的新型乡村自然生活方式,助推宁波旅游业以及农村经济的发展。

5. 鹿山别院

(1)鹿山别院简介

宁海县前童鹿山别院位于前童古镇AAAA景区中心,是昔日电影《理发师》拍摄地,别院历经五年改建修复,充分依靠宁海传统的"五匠"工艺技术和历史传统文化,保持了较好的明清古建格局,目前拥有各类寓意故事木雕、砖雕、石雕,图案、构件500多件,其中,明大儒方孝孺先生在前童执教时命名的"前童八景"在此得以复原,修复后的"书院"融儒教文化与地方传统文化于一身,成为国学体验的好场所。2017年开始民宿经营以来,进行高标准配置建设,空间造型美观别致,艺术陈设规划合理，内部空间舒适宜人，室内家具、院落摆设与古建特色吻合，具有浓郁的江南古村高档精品民宿特色。

(2)鹿山别院的特色

复古明清建筑,古韵情怀十足;

木雕文化精湛,国学传承丰富;

电影《理发师》主场景拍摄地;

房子全木结构,家具红木质地。

(3)鹿山别院的运营经验

文化当前;

主人参与;

主客互动;

保持品质。

(4)鹿山别院的经验感悟

民宿不仅仅是客栈,同是主宾知识、文化、风俗、信息交流的好平台。

“假日现象”是阻碍民宿发展的重要软肋。

产业配套、周边环境和休闲气氛很重要。

(四)新兴民宿

1. 官驿湖居民宿简介

柿子红了 · 官驿湖居,位于有“西子风光、太湖气魄”之称的东钱湖旅游度假区，处于下水湿地公园片区的南宋宰相村官驿河头。一直被誉为江南最美的“倒影民宿”。一个院落里错落有致地竖立着三栋白墙黛瓦的江南民居，容纳了12间以宋词词牌命名的客舍，房间内外以竹子为主题的装饰处处体现了宋时江南传统民居的温婉气质。沿河的老柿林咖啡，则以茅草为顶、单层坡顶夯土建筑为型，透亮的窗户格外惊艳。散漫的时光、波粼的湖色光影共同营造着惬意的氛围。

2. 官驿湖居的特色

美，江南最美的倒影民宿；

雅，随处体现江南民居的清雅；

静，坐落于风景秀丽的东钱湖畔；

亲，家外之家。

3. 官驿湖居的运营经验

以"民宿 + 咖啡馆 + 多元主题相聚活动"为主要经营模式；

注重乡土传统与现代生活方式的结合；

以各类小聚、相会、聚会为主要市场，彰显"柿子红了"品牌的服务特质。从细节着手，以人为本；

追求现场的闲适惬意散漫，努力打造世外田园之家。

4. 官驿湖居的经营感悟

民宿主人"官驿摆渡人"的经营感悟——从一个市区坐办公室的企划设计师，转身成为一家民宿管家，有人会说："为了什么在折腾？"其实对我来说生活不仅仅是安定，更重要的是灵魂是否在滋长。从快节奏的都市生活中，转换为慢生活中的一个民宿管家，我更多的是静下来，给予所有接待的客人一种回家的感觉，是对自己的另一种认定，看惯了都市丛林，接受大自然对我们的馈赠是一种全新的体验，你来，我等你，我有酒有故事。

二、宁波民宿集聚区案例与实践

（一）镇

1. 宁海：前童古镇

【基本概况】

2014 年 11 月，前童塔山村率先利用闲置房屋装修后开办民宿，第一批共五家，统一价格，利用景区的定向设施组织住客开展定向活动，组织住客参观、体验豆腐制作，体验农耕和果蔬采摘及义卖等活动。2015 年 4 月，前童古镇核心区引进众筹资金，利用老房子改造，开办宁海第一家精品民宿——前童驿事客栈，2015 年 10 月该客栈获颁宁波市第一批高等级客栈（四叶级）。前童驿事客栈的开办带动了古镇居民改造民宿、在外投资创业返乡开办民宿、设计大咖、大学生返乡等投资和经营民宿的热潮。

目前前童古镇共有已开业民宿 24 家，111 个房间，320 余个床位，其中特色客栈五叶级一家（上木堂）、四叶级一家（前童驿事）、三叶级二家（书院阁、花桥游居）、银宿民宿两家（鹿山别院、润舍）。尚在改造待开业的有"景林坊"、粮站区块等。

2014 年平均入住率 22%，2015 年平均入住率 35%，2016 年平均入住率 38%，2017 年平均入住率 33%。民宿直接就业人员 80 余人，房费收入 2017 年约 340 万元，入住客人购买土特产 2017 年超过 1 000 万元。

【发展亮点】

——培育特色主题，引导精细化发展模式

一是发展创意美宿。引导树立民宿精品意识，将追求崇尚自然、追寻记忆、返朴归真、超凡脱俗的意境融入民宿设计、建设全过程，充分利用老屋老物，穿插小河小溪，打造一个完全属于游客自己的空间和时间。

二是发展乡愁民宿。坚持在民宿打造上，与当地的人文、生态环境相结合，使民宿融入环境；通过举办节庆活动、提供参与农事劳作等体验项目导客入村，与乡村旅游互动。

三是发展情怀乡宿。围绕都市宾客宿于乡村、隐于田园、归于慢生活的诉求，注重保持乡村的原汁原味、人文情怀。如“前童驿事客栈”隐居在古镇内的小巷深处，推门就是青石板铺就的雨巷，屋檐下高高挂起的红灯笼，房间里古朴的石花窗、怀旧的老木床，让游客充分体会到古镇独特的韵味。

——探索多元经营，实现专业化管理模式

一是众筹模式降风险。针对民宿建设投资大、回报周期长等特点，积极引入“消费众筹”“天使投资”“效益众筹”等模式，拓展资金、创意、专业能力、品牌传播等渠道。在抗风险的同时深入挖掘会员背后的“粉丝”资源，进一步扩大知名度和客户源：如前童的驿事客栈由6位投资人以工作日低价入住权众筹而成，不仅有效降低投资成本，而且通过深挖会员背后的“人脉”资源，较好地降低了空房率。

二是托管模式保盈利。积极倡导民宿与旅行社抱团合作以及推动民宿纳入大型企业职工疗休养目的地。目前，所有民宿与旅行社签订托管协议，实行公司化运作，统一分配住客的模式，整镇民宿年入住率提高了20%以上。

三是抱团模式增实力。引导民宿和民宿聚集村通过组建民宿行业协会形式，实行抱团经营。目前已成立前童民宿行业促进会，通过吸纳当地多家民宿形成专业化组织，并制定民宿行业自律标准、职业道德准则等各项自律性制度。为古镇民宿搭建统一开发、统一营销、统一运营平台，实现技术共享、信息共享、客源共享。

2. 宁海：桑洲镇

【基本概况】

桑洲地处宁海西南隅，东邻前童古镇，南接三门县城，西界天台泳溪乡，北抵岔路白溪风景区，山多地少，镇域三分之二村分布在山岗上。近年来，桑洲镇将“以花为媒”的乡村旅游作为撬动镇村经济发展的重要支点，成功打造“四季花海”的旅游节庆品牌，客流量呈指数上升趋势。为解决“留客难”的困境，引进新理念，将沉睡资源“破旧老宅”发展成“美景古宅”，并于2016年出台精品民宿专项扶持奖励政策，鼓励民宿产业发展，目前补助资金累计约 270 万元。

目前桑洲镇已拥有精品民宿 5 家，民宿 5 家，标间 16 个，大床间 30 个，床位 62 张，主要集中在屿南山岗（又名南山），同时引导民宿错位发展模式以避免同质化竞争，让游客入住能有不同的体验。

【发展亮点】

——创新农村闲置房屋处置方式，大力推动民宿产业发展

一是鼓励当地户籍农民投入民宿建设中，推动“政府支持、村委牵头、村民投资”的模式，实现“旧宅换新、新宅创收”双重目标。

二是在南岭村试点“村委承租、政府招商、村民受益”模式，将村内有特色的闲置房屋由村集体租赁，通过青溪旅游公司（镇属）统一流转，对外招引，有选择地出租给城市投资商，推进“空心村二次创业”，盘活农村闲置资源，促进村集体增收和增加农民长期性租金收入。

三是坚持典型引路，以点带面，引导民宿集群化发展，以原有精品民宿为典型，吸引更多的村民与投资商到桑洲镇投资。

——注重整体谋划，促进民宿经济和农业产业的良性互动

推进“一村一品”景观工程，联动发展南山油菜花景观、里山季格桑花基地、屿东千亩桃花林、塘山牡丹生态园等花木观赏基地，打造集乡土文化、水果花卉、农副产品加工、农活体验、田园风光为一体的休闲农业经济综合体，以花海经济带动民宿经济更高质量、更有效率、更加公平、更可持续发展。

——以精品精细的标准加强配套建设，全力保障民宿经济的可持续发展

注重交通、停车场、公共卫生等基础设施建设，重点解决环境整洁、道路建设、旅游厕所、停车场等配套问题，2017 年成功申报“宁波乡村全域旅游示范区”创建。

——规范民宿经营管理，提升民宿服务意识

强化规范管理，强化对规范经营、饮食卫生、消防安全等各个方面的监管职责，要求民宿企业必须取得特种行业许可证，加大对民宿服务人员的培训，加强对村民的乡村文明宣传力度，打造游客、民宿主、村民友好共处的文明村镇。

——加强宣传力度，打响民宿知名品牌

一是利用自媒体进行推广。以当前最为流行的微博、微信、博客等自媒体形式进行宣传，向镇内外游客推广桑洲民宿的特色、优势，乃至独特的生活方式和民宿主独特魅力宣传。

二是利用周边资源进行联合推广。充分利用南岭油菜花基地、里山季格桑花基地、夏季古树群、屿东彩石村等旅游资源，通过在油菜花节、山顶音乐节等品牌节庆中设计参与性亮点，联合电视台、报纸等平面媒体发表入住体验性攻略、邀请名人名家前来做客民宿形成眼球效应等，有效提高桑洲民宿的品牌知名度。

（二）村

1. 象山：沙地村

【基本概况】

2007 年起，山林多平地少，无特色产业支撑，集体经济薄弱的沙地村制订了“建设沙地生态农庄，以发展特色农业和休闲观光农业为着力点，大力发展乡村旅游实现民富村强”的创业新思路。近年来，通过土地流转，发展生态休闲观光农业，积极开发农家客栈，走出了一条集“民宿—民食—民游”为一体的农家乐发展新路子，先后获评省级旅游特色村、省农家乐特色村、省级老年养生基地、2A 级景区村、全县首个“双强百佳”行政村等荣誉称号。2017 年沙地村接待游客 17.6 万余人次，旅游收入达1 700万元。

【发展亮点】

——经营观光农业，注入强村活力

第一，高起点规划村庄建设。以高标准规划为龙头，树立村庄经营理念，盘活整村资源，把村庄向“宜居、宜憩、宜心、宜体、宜情”的浙东乡村休闲度假旅游胜地方向打造，并根据规划设计进行落地。

第二，多特色培育休闲观光农业。积极发挥沙地村特色果蔬种植产业特色，统筹连片推进现代农业发展；精心设计旅游产品包装，做强“旅游 + ”产业文章。建成葡萄、草莓、柑橘等生态农业观光区 1 040 亩，其中 540 亩为标准化大棚种植园，占休闲观光区域总面积的 50% 。

——促进多产融合，畅通富民渠道

第一，兴建特色农家客栈。变“过路经济”为“宿夜经济”，结合沙地村庄实际，以“农户出资，集体补贴”方式，鼓励农户将自家闲置房屋改建成经济型农家客栈，充分体现“一户一异”特点，创造田园式“第二居所”。目前全村共建成农家客栈50余家，床位1 300张。

第二，放大产业联动效应。以象山旅游大格局出发，加大对周边旅游景点和资源的整合力度，以区位优势推出“养心主题民宿”“影视文化一日游”等项目，进一步丰富旅游项目选择。依托“田园定塘”资源优势，推出以定塘“无抗蛋”“无抗肉”“红美人”等特色农产品为主的“养生主题餐”，同时吸引游客到沙地生态农庄采摘瓜果、登山揽景、垂钓休闲。

第三，注重挖掘市场潜力。积极与上海、宁波、杭州等辐射圈市场旅行社建立长期合作关系，目前已与上海、宁波、象山多地300余家旅行社签订合作协议，其中上海荣和旅游社、上海申江旅游社、上海康达国际旅游社保持长达八年合作，稳定客源市场。同时针对上海等地社区积极宣传，与多家社区保持合作，社区游客自行组团包车前往沙地住宿旅游。

——加强基础建设，保障旅游发展

第一，引导集聚化发展。按照服务功能向农民会所集聚原则，以村庄梳理式改造为契机，优化基础设施配置布局，加大存量土地开发力度，提高游客接待能力。开发大型综合化农家乐休闲旅游中心，游客服务中心配套有专职管理人员，有完善的旅游投诉、安全和统计保障制度，医疗服务设施、无障碍设施、卫生设备及服务设施完善。

第二，建设“五区一游”功能板块。依托村内丰富的山林资源和亲水环境，投资250万元建设沙地生态农庄，开发农家乐服务区。投资65万元搭建水上垂钓竹桥长廊和葡萄观光廊道。投入150万元建成花果迎宾环形乡道2 000米，在建登山游步道1 000米，增加山林康体保健及休闲养生功能。基本形成以四季果园采摘区、下市碶塘垂钓区、农家乐服务区、生态示范观光区、古寺名庵赐福游为主的“五区一游”观光旅游格局。

第三，优化村庄基础设施。落实日常卫生保洁全村主要公共场所责任包干、农户“门前三包”制度，打造美丽庭院，村落实现“洁化、序化、绿化”。村庄道路硬化率、自来水接入率、垃圾处理率、村道两旁绿化率、污水处理率均达100%。全村旅游标示标牌、导览图统一规范设置。

——强化经营，提升管理水平

第一，推行公司化管理。针对农家客栈经营“分散、家庭式、不规范”等现状，成立沙地旅游开发公司对农家客栈实行公司化管理，将全村农家客栈分为六大片，以片为单位统一管理，“片带组，组带户”，并由公司统筹片内客源调配。2018年整村与中国人寿保险合作，推行“食品安全责任险”，为游客的餐桌保驾护航。开展农家乐（民宿）业主培训讲座、农家嫂业务培训，优化乡村旅游服务水平。

第二，加强智慧旅游服务。加强信息数据平台建设，加快数据收集和初加工整理，实现各项信息标准化、规范化采集。在村口建立游客登记管理处，专人全天候管理，实现“旅行社—游客—农家客栈”信息三对口。同时充分利用微信公众号、农民信箱、沙地微博、网络交流等手段，多渠道、多形式推进信息共享及应用。2017年实现村内Wi-Fi全覆盖。

2. 象山：大沙村

【基本概况】

大沙村位于宁波市象山县鹤浦镇，南田岛东南部。村庄占地3平方千米，耕地面积407亩，山林2 218亩，全村共222户，人口751人，党员12名，村民主要从事渔业捕捞，为全镇8个传统渔村之一。

近年来，大沙村提出以“一路向海、寻梦大沙”为主题，以“精致精品、深度体验、慢享生活”为价值理念，深入推进大沙民宿建设，目前已建起农家乐、渔家乐、民宿共16家，有床位367张，其中高端精品民宿6家，形成一定知名度。同时大沙村麦饼筒、鱼滋面、各色海鲜等特色渔村美食作为旅游产品也颇具吸引力。

【发展亮点】

——依托“三权分置”实现乡村活力充分流动

颁发“三权分置”不动产权证，既可以保障村民、集体权益，又可以保障投资人利益，实现了三方共赢，为大沙村引入工商资本提供了良好的保障。目前通过盘活闲置资源，已引进县内外投资者建成精品高度民宿1家，作家创造基地和书画家创造基地各1个。

——依托乡贤回归实现村庄建设人才集聚

乡贤作为一种新型的社会力量，是乡村社会治理和乡村建设内在的驱动力量，大沙村努力为他们创造条件，充分发挥乡贤乡村治理的榜样示范作用，使其成为美丽乡村建设的带头人。如村主任许国庆原先一直在外经商，回村担任村主任后，带领班子拓展思路，确立了旅游兴村富村行动计划，全面激活了村经济发展动力，一下子摘掉村集体的“贫困帽”，2017 年村集体收入突破 80 万元，昔日的经济薄弱村实现了华丽转身。

——依托“村民说事”实现基层治理实质有序

随着大沙村乡村旅游的兴起，越来越多的投资商、专业人才走进了大沙村，而“村民说事”就成为他们真正加入村庄建设的平台。“村民说事”涵盖的不仅仅是网格长、网格员，更是充分吸收本土资源，将走进大沙村的产业带头人、企业家吸纳进来，帮助村民解决更多专业问题。构建三治融合体系，让更多的“新村民”参与到“村民说事”中来，推动“村民说事”常态化。

附录 A　宁波市主要民宿一览表

名　称	地　址	房间数量
	海曙区	
龙观禅那	海曙区龙观乡	23 间
东升五龙潭	海曙区五龙潭	8 间
枕溪山房	海曙区章水镇蜜岩村	14 间
亲溪小筑	海曙区章水镇蜜岩村	10 间
乡叙樟溪谷	海曙区李家坑	29 间
浴心谷民宿	海曙区章水镇杖锡村	7 间
鸿溪森林农庄	海曙区鄞江镇芸峰村卖柴岙水库	31 间
向阳舍茶主题民宿	海曙区龙观乡向阳大道	14 间
书房酒店	海曙区月湖盛园	17 间
正房客栈	海曙区南塘河街	40 间

续表

名　称	地　址	房间数量
梅家晓宿	海曙区鄞江镇大桥村	15 间
道地小筑	海曙区章水镇李家坑村	4 间
隐逸月湖	海曙区共青路 77 号	8 间
香榧谷民宿	海曙区章水镇李家坑村	7 间
	宁海县	
乡叙王干山	宁海县王干山	23 间
花源里民宿	宁海县桑洲镇南山章	4 间
许家山房车营地	宁海县许家山	6 间
林下歇民宿	宁海县胡陈乡	7 间
拾贰忆温泉山居	宁海县深甽镇南溪森林温泉度假区	10 间
鹿山别院客栈	宁海县前童古镇	6 间
大乐之野	宁海县胡陈	12 间
上木堂客栈	宁海县前童古镇	7 间
南山驿民宿	宁海县桑洲镇南山章村	12 间
润舍民宿	宁海县前童古镇	6 间
尺木草堂客栈	宁海县前童镇	2 间
花桥游居客栈	宁海县前童古镇	8 间
前童驿事客栈	宁海县前童古镇老街	6 间
舒松客栈	宁海县前童镇鹿分 675 号	5 间
久木房客栈	宁海县前童古镇老街 23 号	6 间
二十二桥民宿	宁海县前童古镇双桥街 14 号	4 间
景炫民宿	宁海县前童古镇鹿山路 125 号	1 间
好义堂客栈	宁海县前童古镇	6 间
	余姚市	
雁庐清舍	余姚市雁湖村	6 间
老柿林山居	余姚市丹山赤水景区	36 间

续表

名　称	地　址	房间数量
东湾小隐	余姚市大岚镇华山村东湾岗	6 间
冠佩山居	余姚市梨洲街道冠佩村	12 间
山水之间	余姚市梁弄镇让贤村钱库岭	8 间
锦谷园生态农庄	余姚市大岚镇柿林村(丹山赤水)	22 间
姚江源乡村客栈	余姚市大岚镇丁家畈村	42 间
大泉客栈	余姚市梨洲街道金冠村外冠佩	7 间
树蛙部落	余姚市鹿亭乡中村算坑村	14 间
四明云顶	余姚市梨洲街道燕窝村	18 间
罗汉谷四明岚舍	余姚市大岚镇大俞村	8 间
四明山月里	余姚市梁弄镇后陈村近四明湖	15 间
稻田里	余姚市梁弄镇	17 间
集约部落	余姚市梁弄镇	46 间
象山县		
沙塘静湾	象山县石浦镇沙塘湾村	22 间
饮海三湾	象山县石浦镇	7 间
俞家小院	象山县新桥镇上盘村	15 间
随囍	象山县贤庠镇碶头陈村	7 间
象山海米木木	象山县大徐镇海口村	8 间
走点湾路	象山县石浦镇鹤浦镇大沙村	9 间
渔山故事	象山县渔山列岛	2 间
心灵谷	象山县黄避岙乡白屿村	27 间
青籁民宿	象山县鹤浦镇大文沙村村口	1 间
旧岸・网事	象山县石浦镇东门渔村	11 间
峰洋民宿	象山县石浦镇东门渔村	12 间
那山那海	象山县茅洋乡文山村	12 间
安澜别院	象山县黄避岙乡里高泥村	10 间

续表

名　称	地　址	房间数量
朝山暮海	象山县石浦镇沙塘湾村	22 间
海防巢营	象山县半边山景区内	15 间
海岛人家	象山县石浦镇东门渔村	11 间
佳依姐妹度假别墅	象山县鹤浦镇大沙村	8 间
文麓雅苑	象山县茅洋乡文山村	6 间
奉化区		
花雨醉民宿	奉化区大堰镇	18 间
琴海缘民宿	奉化区大堰镇	15 间
漫休谷	奉化区溪口镇岩头村	24 间
山间季・栖霞山居	奉化区溪口镇栖霞坑村	12 间
憬漫别院	奉化区裘村镇黄贤村	6 间
杏缘驿站	奉化区大堰镇后畈村为民路 1 号	6 间
应梦斑竹	奉化区溪口镇斑竹村	28 间
迷蝶香小院	奉化区大堰镇	7 间
那年今日民宿	奉化区近蟠龙寺	6 间
闲听鱼语	奉化区大堰镇大溪路	1 间
江北区		
慈舍民宿	江北区慈城镇太湖路	9 间
老樟树民宿	江北区洪塘街道鞍山村	15 间
隐居云湖	江北区慈城镇南联村	15 间
家春秋民宿	江北区慈城镇半浦村	12 间
素心别院	江北区慈城镇走马街广场	15 间
鄞州区		
月白风清园	鄞州区横溪镇环镇东路 1 号	12 间
堇山居酒店	鄞州区塘溪镇童夏家村	44 间
逐野民宿	鄞州区横溪镇俞山村	15 间

续表

名　称	地　址	房间数量
拓野山居酒间堂	鄞州区横溪镇梅溪村陈婆岙	7 间
芫舍民宿	鄞州区横溪镇梅树湾	5 间
凌览草屋	鄞州区横溪镇周夹村	15 间
东钱湖旅游度假区		
绿野心居	十里四香	6 间
心宿福泉	福泉山茶厂大慈寺旁	28 间
湖沁舍客栈	东钱湖镇陶公村新村 67 号	6 间
官驿湖居	十里四香下水官驿河头	13 间
慈溪市		
兰墅民宿	慈溪市方家河头	12 间
海如别苑	慈溪市龙山镇潘岙村上路潭路 26 号	6 间
枕湖人家	慈溪市鸣鹤古镇风景区内	18 间
心沐蓝莲	慈溪市龙山镇徐福村达蓬山旅游度假区	30 间
银号客栈	慈溪市鸣鹤古镇风景区内	21 间
北仑区		
6 号美墅馆	北仑区春晓街道昆亭村上车门村 6 号	5 间
镇海区		
开元十七房	镇海区蟹浦镇十七房村开源路 777 号	16 间
云图民宿	镇海区郑氏十七房景区	5 间

附录B 历届宁波民宿高峰论坛

第一届宁波民宿高峰论坛

宿高峰論壇對話：《民宿熱
“民宿不仅是一种情怀”
本次活动由浙江梦神家居股份有限公司鼎力赞助

第二届宁波民宿高峰论坛

2016
文化
民宿
A HOME STAY
FACILITY IS NOT ONLY A
KIND OF FEELINGS
民宿不仅是一种情怀
「宁波民宿高峰论坛」暨民宿产业对洽会2016·
领导致辞

波民宿高峰论坛」暨民宿产业对洽会
领导致辞

业对洽会201
领

2016 民宿
「宁波民宿高峰论坛」
暨民宿产业对洽会2016 · 宁波

高峰论坛」暨民宿产业对洽会2016 · 宁波
民宿沙龙
民宿产业对洽会

第三届宁波民宿高峰论坛

在醉美山水

2017中国（宁波）民宿高峰论坛暨民宿设计大赛
领导致辞

第四届宁波民宿高峰论坛

博浪
U.S.A Since 1997
夏雨雨人
西南民宿产业高峰论坛暨博浪热力资源交流
领导致辞
一场民宿实战派精英分享

西南民宿产业高峰论坛
暨博浪热力资源交流会·成都站
民宿产业高峰论坛&博浪